山东省自然科学基金项目（ZR2024QG206）和山
启动基金项目（BS202321）

对外直接投资、制度环境与母国技术创新

李春梅 ◎ 著

中国财经出版传媒集团
经济科学出版社
Economic Science Press
·北 京·

图书在版编目（CIP）数据

对外直接投资、制度环境与母国技术创新 / 李春梅著. -- 北京：经济科学出版社，2025.7. -- ISBN 978-7-5218-6995-8

Ⅰ.F832.6；F124.3

中国国家版本馆 CIP 数据核字第 2025533VV3 号

责任编辑：李　建　王红英
责任校对：王京宁
责任印制：邱　天

对外直接投资、制度环境与母国技术创新
DUIWAI ZHIJIE TOUZI，ZHIDU HUANJING YU MUGUO JISHU CHUANGXIN
李春梅　著
经济科学出版社出版、发行　新华书店经销
社址：北京市海淀区阜成路甲 28 号　邮编：100142
总编部电话：010-88191217　发行部电话：010-88191522
网址：www.esp.com.cn
电子邮箱：esp@esp.com.cn
天猫网店：经济科学出版社旗舰店
网址：http：//jjkxcbs.tmall.com
固安华明印业有限公司印装
710×1000　16 开　14 印张　210000 字
2025 年 7 月第 1 版　2025 年 7 月第 1 次印刷
ISBN 978-7-5218-6995-8　定价：78.00 元
（图书出现印装问题，本社负责调换。电话：010-88191545）
（版权所有　侵权必究　打击盗版　举报热线：010-88191661
QQ：2242791300　营销中心电话：010-88191537
电子邮箱：dbts@esp.com.cn）

前　言

创新是引领发展的第一动力，中国经过多年的技术探索，在创新投入与产出上实现了重大突破，2022 年的全球创新指数（GII）排名上升至第 11 位。① 核心技术必须依靠自主创新，而自主创新是开放环境下的创新。随着政府积极倡导企业"走出去"和深入推进"一带一路"倡议，中国对外直接投资（OFDI）流量占据全球领先位置。在新一轮更高水平、更高层次对外开放的背景下，中国企业 OFDI 如何通过参与国际经济循环来促进国内经济循环，实现自主创新能力的跃迁，已然成为深入推进经济高质量发展的重要课题之一。本书以独特的制度环境为视角分析了 OFDI 对母国技术创新的影响，这对进一步推进改革开放、加快构建新发展格局、实现经济高质量发展具有重要意义。

已有研究中关于对外直接投资的理论在不同程度上忽视了发展中国家的重要作用，尤其是发达国家主导创新、发展中国家跟随的基本逻辑，难以拟合中国正在进行创新型国家建设的经济事实。鉴于此，本书在既有理论模型的基础上，将对外直接投资外生化，构建了一个基于中国企业创新的局部均衡模型，系统分析了 OFDI 影响企业技术创新的理论机理。在此基础上，从研发成本和市场价值角度阐释了制度距离在 OFDI 与企业技术创新的关系中的调节效应。随后，本书构建了基于企业利润最大化的简化模型，从母国营商环境视角，为 OFDI 与技术创新的关联提供了一个新的解释。接下来，本

---

① 资料来源：世界知识产权组织（WIPO）发布的《2022 年全球创新指数报告》。

书分别采用2003~2019年中国A股上市公司和2004~2020年全球115个国家OFDI的面板数据，对理论分析的基本结论进行了实证检验。主要结论有以下四个。

第一，OFDI能够促进企业技术创新，且逆技术梯度OFDI对企业技术创新的正向影响效应更强。在局部均衡模型中，我们区分了逆技术梯度和顺技术梯度OFDI，前者主要表示在高收入国家建立研发中心，后者表示将生产转移至低收入国家。两者均有利于增加研发投入、提高研发效率与资源配置效率，进而克服自主创新的瓶颈问题，加快自主创新步伐。与顺技术梯度OFDI相比，逆技术梯度OFDI在高收入国家接触到更多的互补性研发资源，可直接应用于技术研发过程，对技术创新的激励效应更强。基于2003~2019年中国A股上市公司的面板数据，构建多期双重差分（DID）模型的实证检验支持了该观点。

第二，OFDI对企业技术创新的正向影响呈边际递减趋势。在OFDI初期，加快海外投资步伐可以保障模仿学习、累积经验的连续性，更好地获取新知识与新资源，为企业的自主研发注入动力。然而，当OFDI速度达到一定程度后，在复杂的海外投资网络中，跨国企业承担着一系列的额外成本，导致OFDI对企业技术创新的边际正向影响逐渐变小。综上所述，OFDI影响企业技术创新的函数为凹函数。本书使用2003~2019年中国A股上市公司OFDI的面板数据，构建了包含对外直接投资速度二次项的计量模型，实证检验发现，中国企业OFDI速度对技术创新的影响呈倒"U"型，且绝大部分的样本小于临界值，证实了上述观点。

第三，制度距离在OFDI速度与企业技术创新的关系中具有显著的调节效应。其中，正式制度距离削弱了OFDI速度对企业技术创新的正向影响，非正式制度距离则加强了这种正向影响。制度距离影响跨国企业在东道国的模仿学习、研发合作、生产经营、利润汇回效率、获取互补性资源的多寡等。当正式制度距离较小或非正式制度距离较大时，OFDI速度引致的边际成本较低、市场价值较高，有利于加强对技术创新的提升效应。基于2003~2019年中国A股上市公司OFDI数据的经验研究支持了该观点。

第四，受母国营商环境影响，OFDI与母国技术创新呈现"V"型的非线性变化特征。在仅考虑创新部门的简化模型中，母国营商环境影响企业OFDI的意愿与动机、国际生产与研发活动以及国内的技术转移与扩散，进而对技术创新的预期收益产生影响。当母国营商环境超过临界值后，OFDI促进母国技术创新；反之，则阻碍母国技术创新。发达国家对技术的吸收、整合和创造能力更强，新兴国家的技术寻求动机更强，导致这种非线性影响存在投资主体的异质性。发达国家OFDI促进母国技术创新的营商环境临界值更高，新兴国家OFDI对技术创新的正向影响更大。本书使用2004~2020年全球115个国家OFDI的面板数据，构建门槛回归模型的实证检验证实了上述观点。

依据以上研究结论，我们从构建更高效率与更高质量的国际循环、促进更深层次的国内改革、建立自主可控的技术创新体系等视角提出政策建议。

目　录

第一章　绪论 ·· 1
 第一节　研究背景与问题的提出 ··· 1
 第二节　概念界定与主要内容 ·· 5
 第三节　研究方法与研究意义 ·· 11
 第四节　创新点与不足之处 ·· 14

第二章　文献综述 ··· 16
 第一节　对外直接投资的相关理论 ··· 16
 第二节　技术创新的影响因素 ·· 28
 第三节　对外直接投资对母国技术创新的影响 ······················· 34
 第四节　总结与评述 ·· 40

第三章　对外直接投资、制度环境与技术创新的理论分析 ····· 43
 第一节　对外直接投资影响企业技术创新的理论分析 ············ 44
 第二节　制度距离调节效应的理论分析 ·································· 61
 第三节　母国制度环境门槛效应的理论分析 ·························· 67
 第四节　小结 ··· 72

第四章　对外直接投资与企业技术创新：基于双重差分的检验 ········ 75
 第一节　模型设定与变量描述 ·· 75

第二节　基准回归结果 …………………………………………… 78
　　第三节　稳健性检验与内生性讨论 ……………………………… 80
　　第四节　异质性分析 ……………………………………………… 88
　　第五节　机制分析 ………………………………………………… 90
　　第六节　进一步分析：非对称影响 ……………………………… 92
　　第七节　小结 ……………………………………………………… 95

第五章　对外直接投资速度与企业技术创新：基于非线性关系的检验 …… 97
　　第一节　模型设定与变量描述 …………………………………… 97
　　第二节　基准回归结果 …………………………………………… 100
　　第三节　稳健性检验与内生性讨论 ……………………………… 103
　　第四节　异质性分析 ……………………………………………… 113
　　第五节　机制分析 ………………………………………………… 120
　　第六节　进一步分析 ……………………………………………… 122
　　第七节　小结 ……………………………………………………… 126

第六章　对外直接投资速度、制度距离与企业技术创新 ……………… 129
　　第一节　模型设定与变量描述 …………………………………… 129
　　第二节　基准回归结果 …………………………………………… 133
　　第三节　稳健性检验 ……………………………………………… 142
　　第四节　企业所有制性质的异质性分析 ………………………… 147
　　第五节　进一步讨论：制度距离方向 …………………………… 150
　　第六节　小结 ……………………………………………………… 152

第七章　对外直接投资、营商环境与母国技术创新 …………………… 154
　　第一节　模型设定与数据 ………………………………………… 155
　　第二节　门槛回归结果 …………………………………………… 159

第三节　稳健性检验 …………………………………… 164
　　第四节　小结 ………………………………………………… 174

第八章　主要结论与政策建议 ……………………………… 176
　　第一节　主要结论 …………………………………………… 176
　　第二节　政策建议 …………………………………………… 179

附录 ……………………………………………………………………… 182
参考文献 ……………………………………………………………… 187

第一章 绪　论

第一节　研究背景与问题的提出

党的二十大报告明确指出"加快构建新发展格局，着力推动高质量发展""增强国内大循环内生动力和可靠性"，以及"提升国际循环质量和水平"[①]。与此同时，中国的对外合作将不断深化，同世界各国实现互利共赢[②]，尤其是要持续"推进高水平对外开放"[③]，因此，在自主创新驱动经济循环的新发展格局下（黄群慧，2021），我们需要辩证地看待国内大循环与国内国际双循环的关系，正确地认识高水平的对外开放与高质量的自主创新之间的关联。

21世纪以来，得益于经济全球化的发展，以中国为代表的广大发展中国家对外直接投资呈增长趋势。2010年发展中国家的OFDI流量为3653.7亿美元，相当于2000年的4.1倍。2010~2020年，发展中国家OFDI流量平稳波动。其所占全球份额从2000年的7.6%到2010年的26.2%，再到2020年的52.2%，增长趋势明显。发达国家则与之相反，所占全球份额呈现较快速的下降趋势，从2000年的92.4%到2020年的47.8%（如图1-1所示）。因此，

[①③] 习近平：高举中国特色社会主义伟大旗帜　为全面建设社会主义现代化国家而团结奋斗 [EB/OL]. http://hb.people.com.cn/n2/2022/1017/c194063-40162102.html.

[②] 习近平在亚太经合组织工商领导人对话会上发表主旨演讲 [EB/OL]. http://www.xinhuanet.com/politics/leaders/2020-11/19/c_1126759159.htm.

发展中国家 OFDI 逐渐打破发达国家独占鳌头的地位，成为世界经济格局中不可忽视的重要力量。

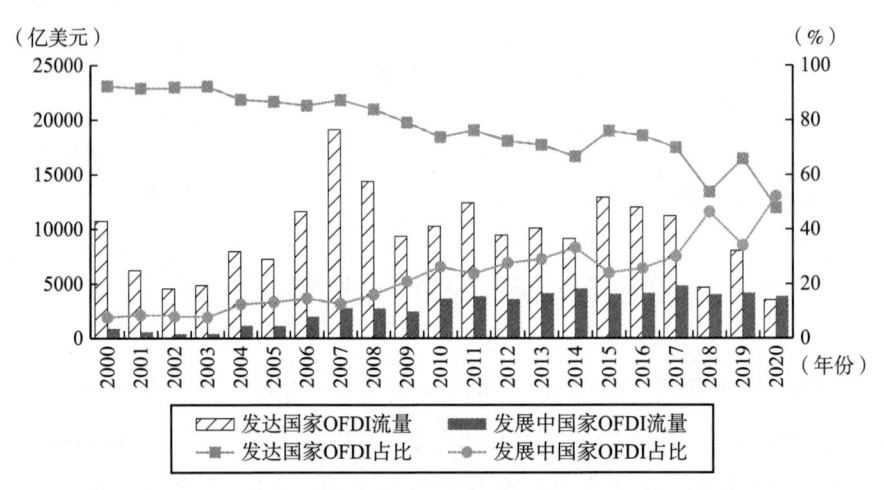

图 1-1　2000~2020 年发达国家和发展中国家 OFDI 流量及所占全球份额

资料来源：联合国贸发会议（UNCTAD）公布的 2000~2020 年 OFDI 流量及所占全球份额数据，经笔者整理而得。

随着企业积极地"走出去"，中国对外直接投资流量及所占全球份额呈不断增加的趋势。2003 年 OFDI 流量为 28.5 亿美元，所占全球份额还不足 1%，排名第 21 位；2012 年 OFDI 流量为 878.0 亿美元，所占全球份额约为 6.3%，跻身前三；2013 年 OFDI 流量已突破千亿美元，达到 1078.4 亿美元；自此，中国 OFDI 持续保持千亿美元的流量，前三的全球位次。随着"一带一路"倡议的深入推进，2016 年中国 OFDI 流量迅猛增加，高达 1961.5 亿美元，所占全球份额约为 13.5%，自 21 世纪以来首次突破 10%，而后海外投资逐渐恢复理性。2020 年受新冠疫情的影响，全球 OFDI 流量呈下降趋势，中国 OFDI 则逆势增长，流量达到 1537.1 亿美元，跃居全球首位，所占全球份额为 20.2%（如图 1-2 所示）。

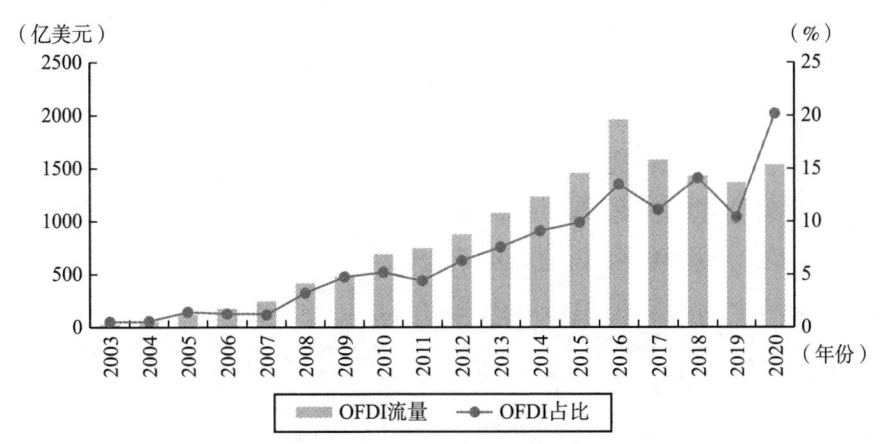

图 1-2　2003~2020 年中国 OFDI 流量及所占全球份额

注：《世界投资报告》统计的中国 OFDI 数据采用的是快报数据，而《中国对外直接投资统计公报》的数据为最终的年度数据，2010~2020 年 OFDI 所占全球份额数据按照调整后的总量计算得出。
资料来源：商务部发布的 2003~2020 年度《中国对外直接投资统计公报》和 UNCTAD 数据库，经笔者整理而得。

在创新能力上，中国不断地增加创新投入，实现了创新产出上的突破。2019 年，国际专利申请量超过美国，位列全球首位；2022 年，全球创新指数（global innovation index，GII）排名第 11 位，中国正在逐步从知识产权引进大国向知识产权创造大国转变。21 世纪以来，中国国内专利申请量与授权量不断增长。2020 年，专利授权数较上年大幅增长 42.3%，达 352.1 万件（见图 1-3）；研发（research and development，R&D）投入总量居于全球第二，保持两位数的增长速度；投入强度①提升幅度创 2010 年以来的新高，接近 OECD 国家平均水平；R&D 人员同比增长 9%，继续稳居全球首位；新产品收入占比②创历史新高，达到 27.4%③。尽管如此，中国诸多产业依然处于全球价值链垂直分工的低端，基础创新能力薄弱、创新效率低下等问题仍然不容忽视。

---

① 研发强度为 R&D 经费与国内生产总值（gross domestic product，GDP）之比。
② 新产品收入占比为大中型工业企业新产品销售收入占主营业务收入的比重。
③ 中国政府网. 国家统计局解读 2020 年中国创新指数［EB/OL］. http：//www.gov.cn/xinwen/2021-10/29/content_5647564.htm.

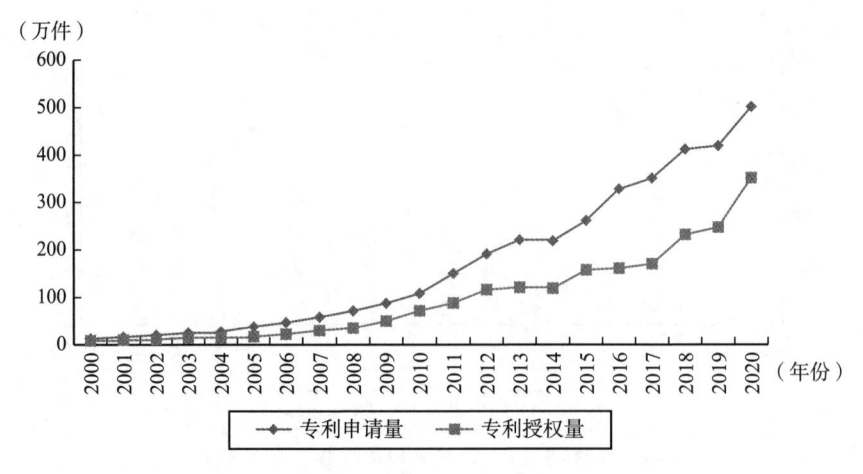

图 1-3　2000~2020 年中国专利申请与授权量

资料来源：国家统计局数据库，经笔者整理而得。

在加快构建新发展格局的背景下，中国企业不仅持续增加研发强度，而且不断扩大对外开放水平。其中，对外直接投资是企业深入参与国际分工的重要方式，有利于充分利用国内、国际两个市场和两种资源，培育新的国际竞争优势，实现全球价值链的攀升，加快创新结构的转换和经济发展方式的转变。然而，这种以国际循环促国内循环的发展方式受到国际环境的制约，国际环境的改变也凸显了打破核心技术"依附性"的急迫性和重要性。近年来，全球范围内多边投资协定、区域投资协定、双边投资协定等出现了被取消的现象，加之美国税制改革、英国"脱欧"、中美贸易摩擦等事件的影响，国际投资环境日趋复杂，不确定性和不稳定性增加。2020年，新冠疫情在供给、需求、政策等方面冲击着跨国投资，影响企业的投资信心与决策，许多跨国投资项目或延迟或取消。据美国和欧洲监管机构报告，包括亚马逊（Amazon）收购英国户户送（Deliveroo）和波音（Boeing）收购巴西航空工业公司（Embraer）在内的世界上最大的并购计划审批程序出现延误。

制度环境激励和约束着个体的经济行为，良好的制度环境能够降低交易成本与不确定性，抑制机会主义行为倾向，激励经济个体不断创造新知识与新技术（North，1990；黄凯南，2016）。全球创新指数将制度环境（包括政治环境、监管环境、商业环境等）纳入创新投入次级指标中，凸显了制度环境在自主研发中的重要性。面对投资环境的诸多不确定性，充分认识制度环境对跨国投资与创新结构转换的影响，可以有效地规避国内外制度环境对新发展格局的负面影响，有利于通过高质量的国际循环促进国内循环，实现自主创新能力的跃迁。

核心技术必须依靠自主创新，自主创新是开放环境下的创新。在新一轮高水平、更高层次对外开放的背景下，中国如何在日趋复杂的国际环境中进行高质量的对外直接投资，合理地规避制度性风险，提高国际循环的效率，并以更优的国内制度安排加快构建新发展格局。为了深入探讨此话题，本书的主要工作是基于中国已具备自主创新能力的基本事实，在既有理论模型的基础上，将OFDI外生化，构建了中国企业OFDI影响企业技术创新的理论模型，并依据研发成本和市场价值，探讨制度距离的调节效应。而后，构建了一个基于企业利润最大化的简化模型，从母国营商环境视角，为OFDI与母国技术创新的关联提供了一个新的解释。随后，本书分别采用2003~2019年中国A股上市公司和2004~2020年全球115个国家OFDI的面板数据，采用多期双重差分（DID）、含平方项的普通最小二乘法（OLS）、面板门槛回归、两阶段最小二乘法（2SLS）、系统广义矩估计（GMM）等多种估计方法进行经验研究。

第二节　概念界定与主要内容

一、核心概念界定

（一）对外直接投资

早期关于对外直接投资的界定与国际资本流动相联系，日本学者小岛清

(Kojima，1978）将"包括一切有形资产和无形资产在内的企业资源由一国转移至另一国的投资行为界定为对外直接投资"。然而，对外直接投资更多地与跨国经营管理权的控制权相联系，是一种强调国际经营权的经济活动，是企业跨国经营的形式之一（Hong et al.，2019）。国际货币基金组织界定对外直接投资为，"一国为了在境外的经济活动中获得持久的收益，而通过（部分）控制经营管理权的方式，在境外进行的长期投资与经营"（Zhu and Ye，2018）。经合组织将对外直接投资定义为，"一国经济主体为了稳固海外子公司，而获取经营管理方面的决策权与话语权的投资活动"。美国商务部界定对外直接投资为，"为了产生持续性的利益，一国投资者对其他国家的企业施加持久性影响的经济活动"。

综合上述定义，对外直接投资属于一种持久性的跨国投资行为，根据长期的利益目标，或是获取资源与技术，或是获取高额利润。它具有经营周期长、投资风险高（不确定性高）的特点。本书则依据中国商务部发布的《中国对外直接投资统计公报》（2021年）中的界定，将对外直接投资定义为"境内投资者以控制国（境）外企业的经营管理权为核心的经济活动，取得控制权的方式包括直接拥有或控制10%或以上股权、投票权或其他等价利益，体现为一个国家通过投资于另一个国家而实现持久利益的目标"。

（二）制度

关于制度的定义，被学界广泛认同的是诺思（North）的界定，从《经济史中的结构与变迁》到《制度、制度变迁与经济绩效》，再到《制度变迁理论》，界定极为相似，又渐趋详尽。"制度旨在约束个体的经济行为，是一系列规则、规章和道德规范的总和"（North，1981）。"它是决定人们交往与关系的约束，即制度限定了个体的选择集"（North，1990）。类似地，"制度是人们设计的用于规范相互交往行为的约束，由一系列的正式规则、非正式规则以及约束的实施特征构成。它们对经济发展的影响主要通过交易费用来实现"（North，1993）。

借鉴诺思的定义以及后续的界定，本书认为，制度是社会博弈规则的总称，是由人们创造或设计的用来决定人们相互关系与行为的框架，对一系列的生产性与非生产性活动起到激励和约束的双重作用。其中，约束作用主要体现在制度对经济主体的各种规范上，激励作用是指制度通过降低不确定性、减少交易成本、保护私有产权等激励人们参与经济活动。制度距离则表示为两国之间制度效率的差距。

（三）技术创新

约瑟夫·熊彼特（Schumpeter，1934）系统地阐释了创新与企业家理论，创新是经济发展的动力，即生产者以新的组织方式重新配置已有的生产要素。这是一种打破旧均衡、引入新模式的过程，称为"创造性毁灭"。此外，他将创新的形式大致分为五种，包括供应链创新、工艺创新、组织创新、市场创新和产品创新（Schumpeter，1934）。

在关于内生经济增长的研究中，技术创新被视作一种结构化要素（Romer，1990；Aghion and Howitt，1992），它既涵盖对自身已有知识的累积和转化，也包括对外界知识的辨识与吸收（Grossman and Helpman，1991），这是技术知识的一种动态增长过程，新技术的传播伴随着新产品和工艺创新的标准化（Acemoglu，2012；Acemoglu et al.，2012）。结合以上关于技术创新的分析与界定，技术创新是通过研发投入、资源供给等方式重新配置生产方式，以实现技术水平的突破。

二、研究思路与框架

（一）研究思路

本书在制度环境的视角下，探究对外直接投资影响技术创新的理论机理，并进行实证检验。在理论分析上，本书立足于已经具备自主创新能力的中国企业，在既有理论模型的基础上，将对外直接投资外生化，构建了一个局部均衡模型。该模型打破既有的发达国家主导创新、其他国家跟随的基本逻辑，探究中国企业通过逆技术梯度和顺技术梯度 OFDI，如何借助国际循环，优化资源配置效率，提升研发效率，加大研发投入，主导产品生命周期，以实现创新能力的跃迁。而后，比较逆技术梯度和顺技术梯度 OFDI 影响企业技术创新的差异。接下来，尝试从研发成本和市场价值着手，分析正式制度距离与非正式制度距离在 OFDI 的企业技术创新绩效中的调节效应。此外，将模型简化为仅考虑创新部门的企业利润最大化模型，探究在以母国营商环境为表征的母国制度环境的影响下，OFDI 与母国技术创新的关联，以及投资主体差异所体现的异质性。

在实证研究上，首先依据 2003~2019 年中国 A 股上市公司的面板数据，将跨国企业作为实验组，非跨国企业作为对照组，构建多期双重差分计量模型，检验 OFDI 对企业技术创新的影响。而后，构建包含对外直接投资速度平方项的计量模型，检验 OFDI 速度与企业技术创新之间的非线性关系。基于以上两组计量模型，我们从研发投入、研发效率和资源配置效率视角进行了机制分析，并依据东道国的创新能力和人均收入水平，检验了中国企业逆技术梯度和顺技术梯度 OFDI，对企业技术创新产生的非对称影响。同时，我们也进行了一系列的内生性讨论、稳健性检验与异质性分析。接下来，重点检验制度距离对 OFDI 与企业技术创新关系的调节效应，并区分了正式制度距离和非正式制度距离。最后，依据 2004~2020 年 115 个国家和地区的 OFDI 数据，采用面板门槛回归方法，验证母国营商环境对 OFDI 与母国技术创新关联的影响，并分析发达国家与新兴国家的异质性。

（二）研究框架

本书以对外直接投资与母国技术创新为核心，探究中国企业 OFDI 对技术创新的影响，分析中国与东道国的制度距离在其中发挥的调节效应，并立足于母国制度环境，探索 OFDI 与母国技术创新的关联。各章节的主要内容如下（如图 1-4 所示）。

第一章为绪论。本章主要包括研究背景、意义与方法，核心概念的界定，研究思路与内容的总结，以及创新点与不足之处。

第二章为文献综述。本章主要梳理了对外直接投资与技术创新的既有研究，并进行总结和述评。

第一章 绪 论

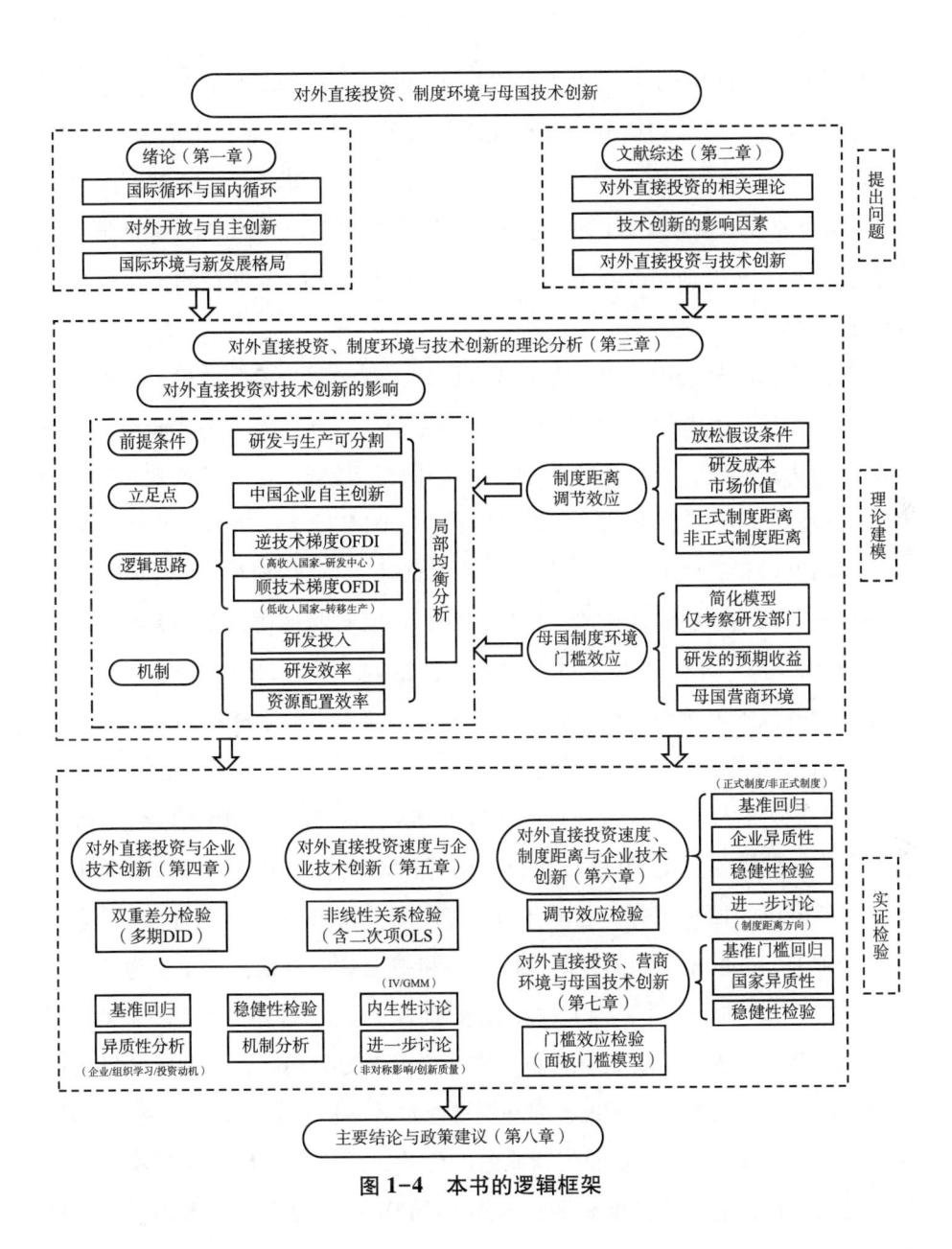

图 1-4 本书的逻辑框架

第三章为对外直接投资、制度环境与技术创新的理论分析。本章构建的局部均衡分析模型是全书的理论基础，首先，对理论模型的修正依据、假设

· 9 ·

前提、创新部门和企业部门的逻辑体系进行概括，以数学形式进行表达，并对数理模型进行局部均衡分析，探究对外直接投资对企业技术创新的影响。其次，从创新部门基本假设入手，本章探究了中国与东道国的制度距离对OFDI与企业技术创新关系的调节效应。最后，本章基于创新部门利润最大化的简化模型，从母国制度环境视角，为OFDI与母国技术创新的关系提供一个新的解释。

第四章为对外直接投资与企业技术创新：基于双重差分的检验。本章使用2003~2019年中国A股上市公司的面板数据，以跨国企业为实验组，以非跨国企业为对照组，依据跨国企业首次对外直接投资的年份，构建多期DID模型，检验OFDI对企业技术创新的影响。在此基础上，进行了平行趋势检验、安慰剂检验、PSM-DID估计、两阶段最小二乘（2SLS）估计的内生性讨论以及一系列的稳健性检验。而后，从企业所有制性质、规模大小和发展阶段角度，分析OFDI对技术创新的异质性影响。再者，依据研发投入、研发效率和资源配置效率进行机制分析。最后，探索逆技术梯度和顺技术梯度OFDI的非对称影响。

第五章为对外直接投资速度与企业技术创新：基于非线性关系的检验。本章首先构建了包含OFDI速度平方项的计量模型，采用2003~2019年中国A股上市公司的面板数据，检验OFDI速度对企业技术创新的非线性影响。在此基础上，选取东道国的合同执行效率和中国对外直接投资总额为工具变量，进行2SLS估计，并进行了替换指标与估计方法、排除干扰等一系列稳健性检验。其次，进行了企业所有制性质、组织学习方式、投资动机的异质性分析，以及从研发投入、研发效率和资源配置效率视角分析影响机制。再者，进一步分析OFDI速度对企业创新质量的影响，并区分了创新质量深度与广度。最后，研究逆技术梯度和顺技术梯度OFDI速度对企业技术创新的非对称影响，包括线性与非线性影响。

第六章为对外直接投资速度、制度距离与企业技术创新。本章在第五章的数据样本及其基本结论的基础上，首先检验了中国与东道国的制度距离在

OFDI与企业技术创新关系中的调节效应，并区分了正式制度距离与非正式制度距离。同时，关注制度距离不同侧面的调节效应。而后，进行了替换指标、估计方法等稳健性检验。接下来，分析国有企业与非国有企业对正式与非正式制度距离的偏好与敏感度。最后，从制度距离方向角度对基准研究结论做进一步补充。

第七章为对外直接投资、营商环境与母国技术创新。本章首先使用2004~2020年全球115个国家OFDI的面板数据，采用面板门槛回归的方法，以营商环境为门槛变量的代理指标，进行了实证检验。而后，比较了发达国家和新兴国家门槛效应的异同。接下来，将从多角度对以上研究结果进行稳健性检验。

第八章为主要结论与政策建议。总结全书，并依据主要研究结果，提出政策建议。

第三节 研究方法与研究意义

一、主要研究方法

（一）理论建模法

在理论分析部分，本书在已有相关研究的基础上，修正了基本假设，构建了一个局部均衡模型。该模型强调了中国企业已具备自主创新能力，并展开逆技术梯度和顺技术梯度的OFDI。逆技术梯度的直接投资流向高收入国家，建立研发中心，能够获取先进技术与互补性资源，为企业累积知识基础，推动自主创新。顺技术梯度的直接投资将生产转移至低收入国家，提高了生产利润，优化了资源配置。同时，低收入国家对跨国企业的先进技术进行模仿，对中国创新企业产生影响，通过竞争效应迫使企业进一步提升产品质量。再者，从创新部门基本假设着手，分析制度距离的调节效应。此外，我们将模型简化为仅考虑创新部门的企业利润最大化模型，探讨母国制度环境对 OFDI 与母国技术创新两者关系的影响。

（二）计量分析法

在实证分析部分，依据理论分析框架构建了多期 DID 和包含解释变量平方项的 OLS 计量模型，我们使用 2003~2019 年中国 A 股上市公司的面板数据，估计了企业 OFDI 对技术创新的影响，以及 OFDI 速度对技术创新的非线性影响。在此基础上，我们构建了包含 OFDI 速度与制度距离交互项的计量模型，以检验制度距离的调节效应。再者，利用 2004~2020 年全球 115 个国家的面板数据，构建面板门槛计量模型，检验了以营商环境为表征的母国制度环境对 OFDI 与母国技术创新关系的门槛效应。此外，在实证章节的稳健性检验和内生性讨论中，我们使用了 2SLS、GMM、Tobit、负二项回归等估计方法。

二、研究意义

理解对外直接投资与母国技术创新的关联，若仅限于重视发达国家在国际市场中的引领作用，而忽视正在逐步提升自主创新能力的发展中国家的重要作用，不免会产生认识偏差。在中国正在进行创新型国家建设，且已具备自主创新能力的经济现状下，本书从制度环境视角研究对外直接投资对母国技术创新的影响，具有重要的理论价值和现实意义。

本书的理论价值主要有以下两个方面。

第一，拓展了对外直接投资领域的理论研究架构，丰富了 OFDI 与技术创新领域的相关研究。关于发展中国家对外直接投资的相关理论着重分析了以引进技术、学习技术为主的发展模式，但是这种模式已经难以拟合发展中国家的经济发展现状。尤其是中国，自主创新能力逐步提升，全球创新指数排名已升至第 11 位。本书在以发达国家为创新主体的理论研究的基础上，假设中国企业具备自主创新能力，构建了一个局部均衡模型，推导 OFDI 对技术创新的影响。而后，本书利用中国 A 股上市公司的面板数据检验影响效应

第一章 绪 论

与内在机理,既关注了线性影响,也探索了非线性关系。这一尝试不仅拓展了对外直接投资与技术创新的理论分析架构,也增强了对国际循环促进国内循环的理论认知。

第二,深化了制度环境影响对外直接投资与技术创新关联的理解,并贡献了微观企业和国家层面的经验证据。制度对企业行为具有激励与约束并存的作用,跨国投资面临母国与东道国制度的双重考验。在基本理论模型之上,从研发成本和市场价值角度阐释了制度距离对 OFDI 与技术创新关系的调节效应。同时,我们又将模型简化,仅考虑创新部门,构建了一个基于企业利润最大化的模型,探讨母国制度环境对 OFDI 与技术创新关联的影响。在经验研究方面,利用中国上市公司和全球各个国家的数据,分别检验制度距离和母国制度环境发挥的作用。这一探究从制度安排的视角,加深了对 OFDI 与母国技术创新关系的认识,也对制度领域的相关研究作出了一定的贡献。

本书的现实意义主要有以下两个方面。

第一,对推动更深层次的改革和更高水平的开放、加快构建新发展格局提供理论启示。中国企业 OFDI 通过参与国际经济循环来促进国内经济循环,利用国际市场与国际资源来补充国内市场与国内资源,两个市场与两种资源的结合,为国内自主研发注入新鲜血液,巩固和提升企业在全球价值链中的位置。本书通过探索中国企业 OFDI 对国内技术创新的影响,解释了两者之间的非线性关系,认为适度的 OFDI 更利于创新能力的提升。这一定程度上揭示了高水平、高质量对外投资的重要性,启示企业不应片面追求对外扩张速度,而应更理性地进行海外投资,充分发挥 OFDI 对技术创新的积极贡献。通过高质量的国际循环促进国内循环,为加快构建新发展格局和实现经济高质量发展奠定坚实的基础。

第二,为合理规避东道国的制度风险、优化母国制度安排,进而提高 OFDI 对技术创新的贡献提供理论依据。如果说正式制度是一种硬约束,那么非正式制度就是一种软激励,中国与东道国的制度差距影响了 OFDI 与企业技术创新的关系，正式制度距离发挥负向调节效应，非正式制度距离存在正向调节效应。同时，母国制度环境推动企业开展更高质量的OFDI，加快自主创新步伐。这就为选择合适的投资区位以尽可能地规避制度风险提供理论支撑，企业OFDI应合理地利用东道国正式制度的保护作用，重视非正式制度差距的创新激励效应。此外，中国在提高对外开放水平的同时，也应进一步深化国内的制度改革，以更优的制度安排提升国际经济循环对国内经济循环的促进作用。

第四节 创新点与不足之处

本书的创新之处主要体现在以下三个方面。

第一，本书在既有理论模型（Glass and Saggi，2002；Glass and Wu，2007）的基础上，将对外直接投资外生化，构建了立足于中国企业创新的局部均衡模型，从逆技术梯度和顺技术梯度OFDI两个角度解释了中国如何以OFDI的形式，驱动国内企业自主创新。这是在国际经济格局悄然变动的背景下，将中国置于与高收入国家同台竞技的位置，探索国际经济竞争与合作在优化资源配置与提升技术创新上的一种理论尝试。

第二，本书尝试探索制度环境在跨国投资技术创新绩效中的影响效应。其一，本书放松了理论模型中创新部门的基本假设，从边际研发成本和市场价值角度着手，解释了制度距离引致的OFDI与企业技术创新关系的变化；其二，将模型简化为一个基于企业利润最大化的模型，从母国制度环境视角，为OFDI与技术创新的关联提供一个新的解释。以上分析是对基本理论模型的拓展探索，丰富了理论模型的分析框架。

第三，在实证分析中，采用多种方法实证检验对外直接投资对技术创新的影响，以多期DID和包含平方项的OLS估计为主，系统GMM、2SLS、负二项回归、Tobit估计等用于内生性讨论和稳健性检验。本书也从多角度、多层次、多维度刻画制度环境，包括中国与东道国的制度距离和母国制度环境，制度距离又分为正式制度距离和非正式制度距离，两种制度距离也采用多种测度指标。

当然，本书也存在一些待改进的空间，以期后续研究加以完善。首先，无论是逆技术梯度还是顺技术梯度的 OFDI 都隶属于垂直层面。除此之外，同等技术水平的国家之间的直接投资隶属于水平层面。水平型 OFDI 也可以产生扩大市场份额、提供资金支持与知识溢出的作用，但限于同等经济发展水平的国家之间无法体现各类参数之间的差别，难以刻画在本书的数理模型中，因此我们并未探讨水平型 OFDI。其次，在构建中国企业 OFDI 影响母国技术创新的理论框架时，为了简化分析、均衡求解的方便，我们假定高收入国家与低收入国家对中国的直接投资（即外商直接投资），暗含在中国创新企业的初始研发成本中。因此，数理模型中无法体现外商直接投资对中国技术溢出的动态变化过程。以上不足之处也是未来研究尝试突破的方向：第一，考虑在合作博弈基本理论分析架构中，尝试探索水平型对外直接投资行为对母国技术创新的影响；第二，尝试在理论模型中纳入外商直接投资企业，并厘清外商直接投资与对外直接投资影响技术创新的差异。

第二章 文献综述

对外直接投资的发展趋势和世界格局正在悄然发生改变,从发达国家一枝独秀到发展中国家占据不可忽视的重要位置(刘文勇,2020)。学术界关于对外直接投资的讨论与之类似,早期的对外直接投资研究以发达国家为主,随着发展中国家大规模对外直接投资,其相关研究才逐渐增多,且主要集中于投资动机、区位选择、双边制度的影响等层面(宗芳宇等,2012;Ramasamy et al.,2012)。近些年来,发展中国家 OFDI 的母国经济效应备受关注,关于对母国技术创新的影响是重要议题之一。创新是经济发展的原动力,2019~2022 年世界知识产权组织(WIPO)发布全球创新指数显示,世界创新中心也不再是发达国家独占鳌头,发展中国家已成为推动创新体系建设的重要力量,尤其是中国,创新指数已超过诸多发达国家。中国若想保持住这种强劲的增长势头,优化自身的创新结构,加快自主创新步伐成为重中之重。本章从对外直接投资的相关理论与母国经济效应、技术创新的影响因素以及对外直接投资对技术创新的影响三个方面,比较系统地梳理了研究发展脉络,并进行总结和评述。

第一节 对外直接投资的相关理论

对外直接投资是国际资本流动的方式之一。纳克斯(Nurkse,1933)指出国际资本流动是由国家间的利息率差别引起的。麦克道格尔(MacDougall,1960)认为作为资本富有的投资国,其资本边际收益率低于资本稀缺的另一国,从而引起资本富有国的资本所有者向资本稀缺的另一国直接投资。OFDI理论研究着眼于企业的海外投资行为,随着全球价值链的构建和国际分工的逐步细化,跨国投资成为各个国家参与国际分工和全球价值链的重要载体。本节归纳了对外直接投资的动机、相关理论与母国经济效应,并重点区分发达国家和发展中国家的异同。

一、对外直接投资动因

斯蒂芬·海默（Hymer，1960）基于对美国投资行为和投资模式的观察,提出了"垄断优势理论"。该理论认为,在非完全竞争市场的假设下,跨国企业拥有技术优势、雄厚的资金实力、先进的管理经验、信息优势、国际信誉与声望、规模经济优势等,使其能够与东道国企业进行有效竞争。简言之,个别企业由于具备产品和品牌的异质性和技术、劳动、资本等要素的垄断性,在东道国市场取得高额利润。尽管也有学者补充并丰富了垄断优势理论（Caves，1971）,但该理论对没有垄断优势的对外直接投资行为缺乏一定的解释力。邓宁采众家之长提出"国际生产折中理论"（折中理论或OIL理论）,核心观点为：一国对外直接投资是由所有权特定优势（O）、内部化优势（I）和区位特定优势（L）共同决定的,三者缺一不可（Dunning，1977）。此外,另有学者对从事对外直接投资的企业必须具备某种特定优势的观点,提出了质疑（Fosfuri and Motta，1999）,他们构建了一个规范的理论研究框架,体现对外直接投资技术获取的基本原理,表明企业海外投资是获取东道国优势,而非利用现有的优势。随后,基于差异化产品市场的异质企业理论（Melitz，2003）应运而生,将企业生产率的异质性纳入模型之中,阐明生产率由高到低的企业分别选择出口或对外直接投资、内销和退出市场。自此学界掀起了基于异质企业理论的海外投资模式的探讨,认为生产率最高的企业会选择对外直接投资（Antràs and Helpman，2004；Helpman et al.，2004）。还有研究拓展了异质企业理论,指出跨国企业在生产率上的优势,降低了贸易成本,资源得以重新配置（Bernard et al.，2007）。

以上理论以发达国家为分析主体，而缺乏绝对垄断优势的发展中国家 OFDI 更多的是为了获取先进知识与技术、战略性资源（Li et al.，2016）。众多实证研究佐证和补充了上述观点，包括基于发达国家（Kasahara and Lapham，2013）、发展中国家（Shao and Shang，2016；Ramamurti and Hillemann，2018）、新兴国家（Sanfilippo，2015）和欠发达国家（Aguilera et al.，2017）经验数据的实证检验。

随着世界经济格局的变化，发展中国家的崛起对发达国家的垄断竞争地位形成挑战，发展中国家逐渐在国际市场中拥有了主动权和主导权，由此导致发达国家和发展中国家对外直接投资都不再局限于以上传统动因。发达国家跨国企业更注重在东道国建立本土竞争优势，深入挖掘东道国的创新资源，以保持自身的全球垄断竞争优势（Kumar et al.，2019）。发展中国家尤其是新兴国家对外直接投资，则是为了减少国内的市场和制度约束，在国际市场中寻求合作机会（Benito，2015；Paul and Benito，2018）。

二、对外直接投资理论

（一）发达国家对外直接投资理论

边际产业扩张理论。小岛清（Kojima，1978）阐释了一国对外直接投资应首先着眼于边际产业部门，并将边际产业依次转移至国外，进而带动母国技术升级，这一理论逻辑被称为"边际产业扩张理论"。边际产业转移一般发生在顺经济发展梯度的 OFDI 中，尤其是发达国家向欠发达国家的 OFDI。发达国家以 OFDI 的方式将边际产业（低效或比较劣势产业，如劳动密集型产业）转移至发展中国家既可以集中优势资源发展新兴产业和新的比较优势产业，又可以凭借在东道国具有明显或潜在的比较优势，降低生产成本，提高产业效率。此外，边际产业转移后节约的资源、降低的成本和增加的利润，都为新技术的研发和新产品的创造提供了资金支持，有利于技术创新和产业竞争力的提升。

产品生命周期理论。雷蒙德·弗农（Vernon，1966）将产品分为初创、成熟和标准化三个阶段,称为产品生命周期,该模型强调发明创造以产品的形式被引入市场,而产出仅受市场信息的限制,随着产品的不断成熟,生产商对产品信息的控制程度逐渐降低,面临着来自同样拥有必要技术的国外生产商的影响。此理论不强调比较成本,重点强调创新的规模经济。在初创期,价格弹性较低,只有发达国家才具备创造新产品的必要条件;在成熟期,规模经济凸显,产品由发达国家向其他国家扩散;在标准化期,产品转移至生产成本较低的地区,发达国家进行新一轮的新产品创造。然而,产品周期模型的一个根本缺陷是对发明与创新过程的处理方式。

内部化理论。OFDI的市场内部化效应是指跨国企业在相互依赖的战略决策中,共享低成本红利,并在激烈的国际市场竞争中,不断提升研发水平,拓展利润空间,进而推动技术升级。英国学者巴克利和卡森（Buckley and Casson, 1976）提出了"内部化理论",将科斯的交易成本学说纳入国际直接投资的研究中,强调企业为了降低交易成本,通过OFDI的方式,建立海外子公司,将技术、信息、管理等"中间产品"置于共同所有权之下,实现"中间产品"在内部市场（而非外部市场）交易,有效地降低了由外部市场不完全引致的交易成本和不确定性,实现利润最大化。这一理论尽管从微观层面阐释了跨国投资有效地克服了外部市场失灵,有利于增加企业利润。但是不免过于抽象和简化,缺乏对外部环境的特征以及企业异质性因素的考虑（Beugelsdijk and Mudambi, 2014）。卡森等（Casson et al., 2016）构建了行业内竞争决定企业数量,内部化决定企业边界的理论框架,运用非合作博弈理论进行建模,分析了OFDI通过内部市场交易对母国产业发展产生的影响。第一,在内部化的作用下,一方面跨国企业降低了中间产品、技术转让和最终产品的贸易成本;另一方面,为应对瞬息万变的国际市场竞争,跨国企业纷纷调整生产与研发,加快产业转型的速度。第二,在国际市场中,创新者更容易服务于世界市场,增加预期利润。然而,在一个高度创新的行业中,若想取得垄断地位,持续的创新势在必行。

（二）发展中国家对外直接投资理论

（1）投资发展周期理论。针对"折中理论"的分析对象仅为发达国家的局限，邓宁（Dunning, 1981）在"投资发展周期理论"中指出，发展中国家 OFDI 取决于经济发展水平、所有权、内部化和区位优势。该理论进一步说明，随着人均国民收入的增加，一国所具有的优势发生相应的变化，对外直接投资流量随之改变，由负逐渐转为正，这种 OFDI 流入和流出的变动，印证了该国在国际竞争中地位的改变。

（2）LLL 理论。类似于"对外投资不平衡理论"，澳大利亚学者马修（Mathews, 2006）提出了一种嵌入式学习的理论（LLL 理论），即联系（linkage）、杠杆（leverage）和学习（learning）。其中，联系是指由国家间的经济、政治、文化等的联系拉动跨国投资，在全球范围构建了生产网络，这种生产性全球网络又加强了国家之间的联系。杠杆和学习是指发展中国家通过 OFDI 可以在全球网络中获取前沿信息与稀缺性资源，学习先进知识与技术，进而推动自身经济的快速发展。该理论重点分析了以发展中国家为代表的"后来者"，通过 OFDI 与跨国活动的"先行者"建立联系，在全球网络中获取有价值的资源和信息。

（3）技术地方化理论。通过对印度的海外投资活动及其竞争优势的综合分析，英国学者拉奥（Lall, 1983）提出了"技术地方化理论"。该理论的主要观点为，发展中国家利用在东道国获取的先进技术，在本土进行有效地消化、改进和创新，形成自己的"特有优势"条件，提升技术水平和竞争能力。这个过程不是简单地复制和模仿，而是注重技术改进与新技术开发，尤其是进行本土化研发。因此，技术地方化理论强调了发展中国家主动进行创新的动机和能力。

（4）小规模技术理论。该理论由美国学者威尔斯（Wells, 1983）提出，核心观点为：与发达国家不同，发展中国家尽管缺乏绝对的竞争优势，但也具有相对的比较竞争优势，如小规模生产、民族特色和低成本优势。具体而言，发展中国家拥有小规模生产的技术，通过小规模生产服务于较小的市场需求；在同一民族的国际市场中，企业跨国投资更容易提升接受度，并获得独特的竞争优势；发展中国家凭借较低的生产成本，在竞争激烈的国际市场中形成了相对的比较优势。

三、对外直接投资的母国经济效应

在探究对外直接投资驱动因素的基础上，众多学者开始关注对外直接投资所产生的母国经济效应，大致可分为：逆向技术溢出与生产率效应、竞争力效应、绿色经济效应和就业效应。总体而言，来自发达国家、发展中国家和新兴国家数据的研究均证实，OFDI的确具有母国经济效应（Bustos，2011；Fillat and Garetto，2015），也因投资主体、投资动机、投资区位等的差异而有所不同，还有少数研究对这种母国经济效应的存在性提出了质疑。

（一）逆向技术溢出与生产率效应

最早研究对外直接投资逆向技术溢出的是C-H模型（Coe and Helpman，1995），他们使用1971~1990年21个经合组织国家和以色列的数据，探究了一国的生产率水平对国内外研发资本的依赖程度。实证研究结果显示，国内外研发资本共同作用于一国的全要素生产率，且贸易开放度越高，国外研发资本对生产率的提升效应越强。但这种影响存在国家异质性，大国的国内研发资本对生产率的促进效应更强，小国的国外研发资本对生产率的促进效应至少和国内资本同等重要。L-P模型（Lichtenberg and Pottelsberghe，1998）则在C-H模型的基础上提出，它改变了国外资本存量的权重，加权向量不仅能体现研发溢出的方向而且能表示研发溢出的强度。研究结果依然表明，一国的贸易开放度越高，从国外研发中获益的可能性越大。在C-H和L-P模型的基础上，还有研究考察了FDI与OFDI的技术溢出效应，再次佐证了OFDI存在逆向技术溢出效应，且大国OFDI产生的技术溢出效应优于小国（Potterie and Lichtenberg，2001）。而后，基于更新的数据集（1971~2004年24个国家数据）的实证研究（Coe et al.，2009），重新考察了C-H模型，并分析了制度因素的影响，他们认为，拥有不同制度环境的国家国外研发的生产率溢出效应存在差异。具体而言，对于教育质量越高、营商环境越好、知识产权保护力度更强的国家，国外研发资本更能促进全要素生产率的提升；与以法国或斯堪的纳维亚法律为基础的国家相比,以英国或德国法律为基础的国家国内外研发资本产生的全要素生产率溢出效应更强。德里菲尔德等学者(Driffield et al.,2014)既分析了OFDI逆向溢出效应的存在性,也探讨了区域异质性,他们使用来自近50个国家的4500家跨国子公司数据,证实了对外直接投资的确存在逆向生产率溢出效应,但这种溢出效应具有明显的区域差别,亚洲、欧洲和北美地区企业OFDI对生产率的提升效应依次递增。

以上研究都是基于国际数据的分析,诸多学者也从一个国家省级或企业层面的数据出发,检验了逆向技术溢出的存在性及其传导机制。瓦格纳(Wagner,2006)依据知识生产函数(knowledge production function,KPF)构建计量模型,对德国企业所有者或高级经理采用个人访谈的方式,来获取企业层面的数据样本,实证研究结果显示,跨国企业比内销企业产生更多的、更高水平的新知识,从而显著提高了企业的生产率水平。与增长驱动OFDI(Ciesielska and Kołtuniak,2017)的单项因果关系不同,霍尔泽(Herzer,2012)利用1980~2008年德国宏观经济时间序列数据的研究发现,OFDI与国内产出、OFDI与全要素生产率之间存在正相关关系,且互为因果。新兴国家对外直接投资也具有生产率效应,但作用机制与发达国家不尽一致。结合资源基础理论和制度理论的分析认为,对外直接投资既可以重新配置资源,实现规模经济;又在面对国际竞争压力的情况下,积极地吸收、转移和传播新知识与新技术,进而推动生产率的跃迁。在此基础上,使用2002~2008年中国制造业企业及其海外子公司数据的研究,利用PSM-DID的方法进一步验证了该结论(Li et al.,2017)。王晶晶等(2022)从服务业企业角度,使用中国对"一带一路"沿线OFDI的数据,佐证了OFDI对企业生产率的促进作用。

还有一些研究侧重于探究OFDI对国内生产率的异质性影响,包括禀赋特征、投资模式与投资区位等方面,以期充分解释企业的海外投资行为。在禀赋条件上,首先,技术跟随者和技术领导者OFDI对生产率的影响存在差异,且技术追随者在跨国投资引发的技术溢出中获益良多。依据1975~1999年专利数量最多的 1300 家公司的数据的实证研究论证了以上观点（AlAzzawi，2012）。李梅和柳士昌（2012）基于中国省级面板数据的研究表明，受内外部因素的影响，各地区 OFDI 逆向技术溢出效应不一，东部地区 OFDI 的逆向溢出效果更佳，经门槛回归检验，地区的研发强度、人力资本等因素成为中国各省份对外直接投资的逆向技术溢出效应的主要门槛，若研发强度和人力资本低于门槛值，对外直接投资与技术创新不存在统计上的显著关系。其次，企业所有制性质和吸收能力发挥着调节作用，国有企业由于对政府资源的依赖，在跨国投资时需尽可能顾及政策目标，在东道国市场面对的压力和阻碍要大于非国有企业（Li et al.，2017）。较强的吸收能力则加强了对外直接投资的生产率效应，且与工艺创新相关的吸收能力相比，与产品创新相关的吸收能力产生的生产率效应明显更强（Huang and Zhang，2017）。此外，依据柯布—道格拉斯生产函数构建计量模型，通过 OLS 和 IV 估计的研究同样认为中国 OFDI 的母国效应因具有企业异质性，对吸收能力较强的企业具有正向的溢出效应，而对吸收能力较弱的企业则具有负向的溢出效应（Seyoum et al.，2015）。

在投资模式与动机上，跨国企业依据特有的资源和制度条件，选择合理的投资模式（Liu and Yu，2018）。在海外经营中，不同的投资模式对母国产业发展产生不同的反馈机制，跨国并购更多地着眼于技术能力的吸收，绿地投资则受益于规模的增长（Quer et al.，2012；Cozza et al.，2015）。

在投资区位选择上，一般而言，OFDI 流向技术创新能力更为突出的发达国家，具有更为显著的溢出效应。陈等（Chen et al.，2014）研究重点考察新兴市场跨国企业是否以及在多大程度上利用对发达国家的直接投资来获取知识溢出，提高国内的技术水平。他们使用 2000~2008 年 20 个新兴市场的 493 家跨国公司数据的实证研究发现，投资于技术资源丰富的发达国家的跨国企业，受益于当地创新网络的知识溢出，并将知识由海外子公司转移至母公司，提高了母公司的研发投入与研发效率，进而提升了技术水平。伯特兰和卡普伦（Bertrand and Capron，2015）指出在国际市场中，东道国的竞争力越强，跨国投资面临着更广泛的学习机会，更容易实现资源互补与规模经济，通过资源的重新配置在研发、管理和销售中获益，进而促进生产率水平的提升。王桂军和张辉（2020）以中国向"一带一路"国家的直接投资数据为样本，再次说明 OFDI 能够促进全要素生产率，但在不同东道国的作用机制不一。其中，流向非发达国家的直接投资既可以通过成本优势为企业研发提供资本支持，又能够获得政策上的便利条件，进而激励企业研发；流向发达国家的直接投资更多的是存在逆向技术溢出效应，进而提高了国内的全要素生产率。

此外，还有部分研究认为对外直接投资的生产率效应较小或不存在。OFDI 可能引发代理问题，产生新的组织成本和调整成本，再加之母公司与子公司的技术不一定具有较高的相容性，从而导致一定效率损失。这种损失尤其发生在经济发展差距较大的国家之间（Debaere et al.，2010），且波及相关行业（Driffield and Chiang，2009）。陈强等（2016）拓展了 L-P 模型，使用中国 2003~2014 年的时间序列数据，指出对外直接投资对全要素生产率的提升效应不及国内的研发投入、进口和外商直接投资。

（二）竞争力效应

对外直接投资企业在国际市场上接触更多的资源与技术，有利于提升企业的国际竞争力。与之类似，基于 1940~1995 年 244 家世界最大的工业企业及其 2276 家海外子公司数据的研究（Cantwell and Piscitello，2014）发现，国际化使得跨国企业嵌入东道国环境中，不仅能直接与东道国的知识网络建立联系，而且间接地促进跨国企业海外子公司扩展技术，提升国际竞争地位。此外，联盟也是跨国企业海外经营的方式之一，采用事件研究法对 1994~2013 年 1096 个跨国企业联盟事件的研究发现，新兴国家跨国企业在与发达国家跨国企业联盟后，可从联盟中获取长期价值（Juasrikul et al.，2018）。

另一部分研究从投资区位和学习机会的角度探究对外直接投资竞争力效应的存在性。陈等（Chen et al.，2019）认为学习机会对 OFDI 的母国效应具有正向的调节作用，当 OFDI 进入竞争激烈的东道国，母国获得额外的学习机会，在增加生产收益的同时，也增强了产业竞争力。此外，制度环境也是跨国企业选择投资区位的重要参考，基于制度理论与投资发展道路的研究（Stoian and Mohr，2016），解释了企业可以通过 OFDI，选择适合企业发展的制度环境，而在制度的有效保护下，跨国企业逐渐培育竞争优势，并对上下游行业产生溢出效应。

（三）绿色经济效应

"绿水青山就是金山银山"形象地表达了绿色发展理念的重要性，近年来，关于对外直接投资绿色经济效应的研究成为学界关注焦点，相关研究侧重于存在性与空间溢出效应方面。在绿色经济效应的存在上，冯等（Feng et al.，2018）利用 2009~2015 年中国 27 个制造业的面板数据，依据 Super-SBM 测度绿色创新效率，证实了对外直接投资对绿色创新效率具有显著的正向影响。来自中国省级面板数据的证据也支持了此观点（杨世迪和刘亚军，2021），但中国对发达国家的投资产生绿色技术溢出效应，而流向转型国家或发展中国家的投资却未能产生同样的效应（Zhu and Ye，2018）。瓦尔等（Waal et al.，2021）使用 2017 年《福布斯》全球 2000 强榜单上的跨国公司数据进行统计分析与实证研究，指出大型跨国企业有利于实现与环境相关的可持续发展目标。屈小娥等（2022）以中国对"一带一路"共建国家直接投资的数据为研究样本，实证检验结果表明，受制度环境和吸收能力的影响，中国 OFDI 对国内绿色发展的影响具有显著的门槛效应，只有当制度环境和吸收能力超过一定的门槛值，OFDI 方可推动绿色发展。

在绿色经济的空间溢出效应上，跨国企业的逆向绿色技术溢出通过研发成果反馈、劳动力转移以及并购技术三种机制实现，并以上下游产业之间的经济联动、区域内产业间的竞争以及人力资本的流动三种机制在区域间实现空间扩散，也因历史和地理位置的差异而产生空间异质性特征。使用中国 30 个省份 2006~2015 年的面板数据，构建空间杜宾（Durbin）计量模型的研究（Pan et al.，2020）发现，各省份对外直接投资有利于提升技术能力，产生逆向绿色技术溢出效应，并通过空间溢出机制提升邻近省份的绿色全要素生产率，而这种溢出效应对东部地区的作用明显强于中西部地区。李和吴（Li and Wu，2017）在城市之间存在政治异质性的前提下，探究城市和市民环境规制对绿色全要素生产率的影响及其空间溢出效应。该研究指出，在高政治区域，城市环境规制具有正向的空间溢出效应，即由于"争冠竞争"，城市环境规制强度的增加将有利于其他具有相同政治属性的城市的绿色全要素生产率的提高；在政治属性较低的城市，城市环境规制具有负向的空间溢出效应，即因为经济发展相对落后，政府官员满足政治需求的关键是改善当地经济，对环境保护的重视程度不足，一旦某城市降低环境监管标准，将在政治属性相同的城市之间产生恶性竞争和示范效应。欧阳艳艳等（2020）使用中国企业和地级市层面数据的研究支持了上述观点，认为对外直接投资对母国的环境污染治理具有积极的影响，且通过溢出效应减少周边地区的环境污染。

此外，政府监管与政府导向在对外直接投资的绿色溢出中具有调节效应，周等（Zhou et al.，2019）基于2006~2015年中国省级面板数据，采用 ML 生产率指数计算绿色全要素生产率，运用门槛回归模型检验了 OFDI 对国内经济的绿色溢出效应，发现北京、天津、上海和广东四个地区的 OFDI 对当地经济发展产生了绿色溢出效应，且随着政府逐渐加强环境监管，企业逐步提高环保意识，从海外投资中获得更多的绿色溢出。政府的确可以弥补市场的外部性、信息不对称等缺陷，为产业发展提供必要的政策支持（Lin et al.，2013；Lim and McNelis，2018）。然而，政府政策的不确定性也可能产生负向的调节作用，基于 VAR 计量模型计算跨国并购脉冲响应函数的研究（Bonaime et al.，2018）指出，包括政府支出、政府监管、财政政策等在内的政策不确定性，会影响跨国企业在国际市场中的谈判能力，甚至导致资源的不合理配置。因此，政策导向有时是一把双刃剑，既可能为企业发展带来福音，又可能导致企业的短视行为。

（四）就业效应

对外直接投资对母国就业既有积极影响也有消极影响，一方面，对外直接投资显著提升母国技术水平，优化母国的资源配置效率，创造更多的新产业，产生更多的劳动需求。另一方面对外直接投资伴随着生产的转移，尤其是劳动密集型产业的转移，将有损于母国就业水平的提升。那么对外直接投资的创造就业与转移就业效应孰轻孰重呢？基于哥斯达黎加和日本的研究都证实了对外直接投资的母国就业效应的存在性，以及投资动机的异质性。来自哥斯达黎加跨国公司的调查数据显示（Padilla-Perez and Nogueira，2016），市场寻求型 OFDI 显著改善了产品质量与服务水平，通过传播新知识与新技能，显著提升国内的就业人数与质量，大型、中小型和小微型企业虽然在国际化目标上存在差异，但它们都从海外投资中获益，尤其是大型企业。洪等（Hong et al.，2019）使用日本制造业企业数据的研究有效地支持了该观点，他们指出与经营规模扩张相关的市场寻求型、自然资源寻求型和战略资产寻求型 OFDI，有利于母国就业水平的提升，但与母国需求下降相关的市场寻求型和劳动力资源寻求型 OFDI 往往成为母国就业需求的替代品，不利于母国就业的增长。

还有一些研究以中国省级或企业层面的数据为研究样本。李磊等（2016）构建了一个对外直接投资影响母公司就业的理论模型，结合中国工业企业数据实证检验结果认为，对外直接投资显著提升了母国的就业水平，且这种效应随着海外投资次数的增加而增强。贾妮莎等（2019）使用中国制造业企业数据的实证研究发现，总体上，对外直接投资具有母国就业效应，并表现在就业的绝对量与相对量上，且具有投资动机和投资区位的异质性，商贸服务型 OFDI 仅提升了母国的绝对就业量，流向发展中国家的直接投资仅提升了母国的相对就业量，技术寻求型和流向发达国家的 OFDI 具有与总体一致的母国就业效应。廖庆梅和刘海云（2018）同样证实了制造业企业对外直接投资具有正向的母国就业效应。姜巍（2017）利用中国省级面板数据的实证检验发现，对外直接投资对母国就业的促进作用具有滞后性，短期内，对外直接投资对国内部分劳动产生替代效应；长期内，海外投资通过优化资源配置和提高生产率促进国内经济结构调整，进而促进就业水平的提升。因此，对外直接投资对母国就业的影响不可一概而论，需根据对外直接投资的详尽信息具体分析。

第二节　技术创新的影响因素

创新是引领经济高质量发展的重要引擎，实现创新突破不仅仅是企业和企业家的事，也需要全社会的共同努力。创新既需要金融资源的支持、人力资本的驱动，也受到市场运行模式、政府行为与制度环境的激励与约束（冯根福等，2021）。本节基于以上角度梳理了技术创新影响因素的最新研究。

在金融发展方面，已有研究既从传统金融着手，又分析数字金融对技术创新的重要作用。金融资源是创新的重要一环，融资约束和金融供给有效性是影响技术创新的重要因素（Hsu et al.，2014；贾俊生等，2017；周开国等，2017；余明桂等，2019），金融发展有利于缓解金融约束、降低风险。钟腾和汪昌云（2017）的研究发现，金融发展对企业创新产出具有驱动作用，但不同金融市场的驱动路径存在差异。其中，股票市场发展通过再配置资产风险以及提供及时合理的定价来实现，且对创新产出的促进效应最优，银行业规模的扩张则主要缓解了企业的融资约束问题，对创新产出的驱动效应次之，这种溢出效应在知识产权制度建设更完善的地区更加突出。李春涛等（2020）使用2011~2016年中国新三板上市公司数据，研究表明金融高科技发展通过缓解融资约束和提高政府激励创新的有效性，进而对企业创新产生积极影响，且在东部地区和高科技企业中尤为明显。然而，张杰等（2021）基于中国各省金融扩张的视角得到了不同的结论，他们认为金融业增加值占比的快速扩张在一定程度上增加了制造业部门的融资成本，进而弱化了企业的研发力度，不利于企业增加研发投入。

除了传统金融发展外，数字金融在信息技术的驱动下应运而生，成为促进企业创新的关键因素。唐松等（2020）的研究发现，数字金融发展克服了传统金融中存在的资源在时间和空间上的错配问题,缓解了企业融资难问题,增加了财务的稳定性,有利于驱动企业技术创新,这种驱动效应在传统金融业发展落后的地区更加明显。其基本逻辑为,数字金融一方面能够吸纳零散地散布在投资者手中的金融资源,并将吸纳的金融资源有效地转化为供给;另一方面,数字金融有利于降低金融信息的不对称性,提升金融资源的配置效率,进一步规避逆向选择与道德风险问题。聂秀华等(2021)同样认为各地区的数字金融发展有利于缓解企业的融资约束,进一步激发企业的研发动力,且制度建设和人力资本正向调节这种激励效应。

在人力资本方面,更多的研究关注了企业高管在创新决策中的重要性。熊彼特的创新理论强调了企业家的作用,而企业高管的职业经历直接影响企业研发决策。何瑛等(2019)基于高层梯队理论和金融理论,认为高管丰富的职业经历累积了更多的社会网络资源,具有信息优势,能够迅速适应不断变化的内外部环境,对企业的决策更加自信,承担风险的意愿和能力更强,进而对创新水平具有显著的促进作用。除了职业多样化的经历外,高管的专业化经历对创新激励效应更明显,虞义华等(2018)指出高管发明家经历能够为企业研发提供相应的专业知识,在一定程度上激励了企业的研发动力,有效地缓解了企业管理层在研发上的短视行为,从而对企业创新产生促进效应。他们使用中国制造业上市公司数据进行实证检验,证实了高管拥有发明家经历显著提升了企业研发投入、创新产出与创新效率,这种积极效应存在企业异质性,且在制度环境较差的地区更为明显。

将经历的丰富度和专业化程度相结合,张栋等(2021)以高管排名测度了具有研发背景的高管在团队中的决策权,指出如果这类高管拥有较大的相对权力,那么他们可以有效地发挥多渠道搜集创新信息的能力,充分地调动多种研发资源,主动引导创新方向,积极地克服研发困难,持续激励企业增加创新投入,进而提高企业的创新产出,这种创新激励效应尤其体现在非高科技企业。此外,李建强等(2020)从最低工资视角阐释了人力资本在企业创新中的重要作用。因此,人力资本与创新资源集聚之间的良性互动关系,推动着技术创新能力的持续提升。

在市场运行方面，已有研究主要从要素市场发展与杠杆率水平视角进行了阐释。技术的突破离不开资源利用效率的提高（Jefferson et al.，2006），要素市场的扭曲程度直接影响资源利用效率。戴魁早和刘友金（2016）拓展了生产率误置模型，重点分析了要素市场扭曲对创新绩效的影响，并使用中国各省份高技术产业的数据进行实证检验。理论和实证研究结果表明，随着要素市场的不断发展与完善，各省的技术创新效率持续提升，且不断降低的市场扭曲程度对创新绩效的边际贡献呈递增趋势。互联网的发展推动了信息传递效率的提升，韩先锋等（2019）扩展了区域创新绩效的理论分析框架，将互联网以直接和间接传导机制的方式纳入其中，他们认为，互联网一方面具有创新扩散的直接效应，表现在前向、后向和部门间的溢出效应上；另一方面，互联网还可以通过提升信息获取和传递效率、优化资本等生产要素的配置效率等，促进金融发展、人力资本累积以及产业升级，进而间接地促进创新溢出，提高区域创新效率。在实证分析中，他们从互联网普及、应用、发展等角度对2006~2017年中国省级面板数据进行检验，实证研究结果证实了互联网对创新溢出具有直接效应和间接效应，且这种溢出效应存在地区间的异质性，东部地区明显弱于西部地区。

如果说要素市场和互联网发展是企业外部市场运行的缩影，那么杠杆率水平和金融投资行为则是从企业内部反映市场运行的基本情况。王玉泽等（2019）指出适度的杠杆率有利于缓解委托代理问题，发挥财务杠杆放大效应，以保证充足的现金流。同时，适度的杠杆率也具有"税盾效应"，有利于营造更稳定的企业环境，传递积极的信号，获得更多的融资机会，降低融资成本，产生负债控制效应，提升投资效率。在两种效应的共同作用下，适度的杠杆率降低了创新风险，提高了创新投入与产出水平，基于2010~2015年中国上市公司数据的实证检验，有效地论证了该观点。段军山和庄旭东（2021）使用中国A股非金融企业数据的实证研究认为，企业金融投资是企业短视和投机行为的手段，难以发挥资金的"蓄水池效应"和短期的财富效应，增加了企业流动资金的不稳定性，对企业的创新资源产生强有力的挤出效应，抑制了企业的创新投入，不利于企业的创新产出。

在政府行为方面，已有研究主要关注政府政策对技术创新的影响。政府行为也是驱动创新的动力之一，宏观经济政策稳定性有助于企业的长期决策，降低外部风险。顾夏铭等（2018）认为经济政策不确定性促使企业增加研发投入，对上市公司的创新活动具有激励效应。这种积极影响具有企业异质性，经济政策不确定性对国有企业、高科技企业、融资约束较小的企业以及拥有更多政府补贴的企业的创新激励效应更优。范子英等（2022）发现在《全国工业用地出让最低价标准》实施后，制造业企业用地价格出现在最低价标准右侧群集的现象，企业用地成本明显增加，对研发投入产生明显的挤出效应，这种效应从购地前一年一直持续到购地后第三年至第五年。郭玥（2018）基于创新补贴信号传递模型指出，在控制政府监管与审查的情况下，政府的创新补贴促进了企业的创新产出，并通过直接效应和间接效应实现。其中，直接效应通过增加研发投入实现，间接效应通过传递积极的信号、吸引外部投资者、获得更多的社会资源实现。苗文龙等（2019）在动态随机一般均衡模型中，基于企业差异化的创新行为来分析政府科技创新投入的影响。他们认为，政府支出是产出增长与技术创新的重要的推动力，包括科技创新支出和经济建设支出，政府在科技创新上的支持力度有利于驱动企业开展持续性的创新活动，进而增加社会总产出。然而，这种科技创新支出驱动的产出效应并不及经济建设支出，由此在创新型国家建设的过程中，要以牺牲部分经济增长率为代价。

除了财政支出外，政府也会制定相应的政策来激励创新，黎文靖和郑曼妮（2016）认为由于政策制定者无法观测到企业的全部信息，与企业之间存在信息不对称问题，一方面，企业很可能出现"寻补贴"的逆向选择问题，释放较强的创新信号，但实质性创新不足；另一方面，政府难以准确筛选出更具创新能力与意愿的企业，存在选择性偏差。这一问题导致选择性产业政策虽然激励了企业专利申请"数量"的增加，但是仅仅体现在非发明专利数量上，对发明专利的激励不足。他们使用了2001~2010年中国上市公司专利数据的研究证实，选择性产业政策驱动企业创新更多地体现在"数量"上，而非"质量"上，企业难以真正地实现创新实力的突破性进展。陈强远等（2020）进一步指出普适型技术创新激励政策有利于增加企业的研发投入，但仅仅有利于增加创新数量；选择支持型技术创新激励政策通过对激励目标的甄别，可有效支撑高新技术等新兴产业的创新发展，既有利于技术创新数量的增加，也有利于技术创新质量的提升；自由裁量型创新激励政策建立在降低财政资金配置风险的前提下，对技术创新数量与质量都未产生显著的影响。

以上研究证实了政府在激励创新中的积极作用，也说明了经济主体之间博弈也产生了不利于实现创新突破的因素，因而在政策实施上注重政策网络产生协同效应对自主创新具有重要影响。赵晶等（2022）通过文本分析量化政策协同度，从政策主体协同和政策工具协同两个视角分析阐释其对企业自主创新的影响，前者指多个权威主体共同参与治理而形成的政策治理网络，后者指运用多元的治理措施共同实现政策目标，两种政策协同相辅相成、共同促进企业自主创新，且在创新能力较弱的地区，政策协同度对自主创新的拉动效应越强。刘春林和田玲（2021）同样证实在高端人才供给不足的地区，政府政策促进企业创新的有效性，人才政策支持能够传递企业具有人才优势的积极信号，既有利于获取利益相关者的信任和政府的研发补贴，又能够降低企业策略性行为倾向，进而激励企业积极投入研发活动，提高发明专利的数量。钟腾等（2021）的研究与之类似，认为地方政府人才引进政策通过增加研发投入而非提高创新效率，对区域创新产生积极的影响。

在制度环境方面，已有研究既关注了法律、法规等正式制度的影响，也探讨了文化领域的非正式制度的影响。创新成果能否得以有效保护直接关乎企业的创新决策，在众多专利制度中，知识产权保护制度尤为重要。龙小宁等（2018）研究了中国省级层面的知识保护制度对上市公司专利价值的影响，从司法、立法和行政保护三个维度的实证结果表明，司法保护对提升企业专利价值的贡献最大，立法保护次之，而行政保护在统计意义上并不显著。黎文靖等（2021）则使用中国 A 股上市公司数据，以试点知识产权法院为准自然实验，进行双重差分估计，实证研究结果表明，较强的知识产权司法保护力度抑制了以模仿为主的研发项目，激励了以原始创新为主的研发项目，提高了专利的市场价值，有利于专利结构向高质量创新方向转变。王海成和吕铁（2016）发现知识产权保护制度有利于企业创新，这种激励效应不存在时滞，但对非国有、小规模或高科技企业的激励作用更优。以上研究均说明制度环境在企业创新与价值实现中的重要作用。周泽将等（2022）则从企业创新信息披露的视角丰富了该领域的研究，认为知识产权保护制度作为一种外部制度安排，能够降低创新信息披露成本，减少创新不确定性，提升企业价值估值，进而提高企业披露创新信息的水平。因此，知识产权保护通过制度建设视角优化创新资源配置，提升企业自主创新的意愿和水平，进而为国内经济大循环提供持久动力。除知识产权保护法外，李建强和赵西亮（2020）以《劳动合同法》的实施为准自然实验，双重差分的估计结果表明，劳动保护有利于降低劳动密集型企业的就业人数，提高劳动生产率，增加研发投入，进而激励企业创新。

如果说法律制度是保护创新成果的硬约束，那么文化就成为影响技术创新的软激励，随着孔子学院的设立，儒家文化逐渐在世界传播。徐细雄和李万利（2019）指出儒家文化对企业创新既有激励效应，也存在桎梏效应，以中国上市公司数据为样本的实证研究发现，儒家文化对企业创新具有积极影响，受儒家文化熏陶越重的企业，其创新产出越高。临海地区通常具有开放、自由的特征，海洋文化影响了世界各地的思想与经济，赵子乐和林建浩（2019）重点分析了在海洋文化的影响下企业创新的差异性，研究发现广府、福佬、客家三个族群企业的创新投入依次递减，且政府补贴发挥着显著的正向调节效应，这一发现佐证了海洋文化对企业创新的贡献。

第三节 对外直接投资对母国技术创新的影响

对外直接投资对母国技术创新的影响隶属于对外直接投资的母国经济效应，已有研究主要以实证研究为主，所得的研究结论尚未达成一致。一些研究证实了对外直接投资对技术创新具有积极的促进作用（以下简称"对外直接投资促进论"）；还有一些研究发现对外直接投资的技术创新效应并不存在，甚至产生负面效应，也因东道国和母国各种因素的差异而具有异质性特征，这几类研究我们归纳为对外直接投资对技术创新的异质性影响（以下简称"对外直接投资异质论"）。此外，本节还从对外扩张速度的角度梳理了研究脉络。

一、对外直接投资促进论

对外直接投资能够提升资源配置效率，与国内研发形成互补效应。基于1997~2008年的欧洲企业跨国并购数据的实证研究（Stiebale，2016），采用PSM-DID估计和基于工具变量（IV）的两阶段最小二乘（2SLS）估计方法，检验了跨国并购对企业创新的影响。实证研究结果表明，跨国并购后，企业创新产出将在三年内平均增加20%，但这种溢出效应仅仅发生在跨国企业及其母国，并不适用于东道国企业，再加上双方国家在并购前的知识储备差异，导致了创新活动在两者之间的转移。

作为"后发者"的发展中国家和新兴工业化国家，以对外直接投资的形式与国际先进技术接轨，并与国内研发相结合，进而促进技术创新（Ritchie，2009；Zhao et al.，2010）。针对巴西跨国企业的统计分析（Esteban-Jardim and Urraca-Ruiz，2018）发现，其跨国投资具有国际化进程较慢、投资主体多元化以及公共政策支持较多的特征，在采用PSM方法匹配非国际化的企业数据后进行的实证研究发现，国际化明显促进了高层次的创新。李娟等

(2017) 利用中国省级面板数据进行实证检验指出,对外直接投资主要通过增加研发投入和提高人力资本的路径,实现国内自主创新能力的提升,逆向技术溢出路径发挥的作用较小。陈经伟和姜能鹏(2020)利用中国工业企业数据,验证了企业对外直接投资通过三种路径显著促进了技术创新的跃迁,包括从劳动密集型向资本密集型转型、提升研发劳动参与率的要素转型机制;具备更先进的管理模式、更创新的管理文化的管理效率机制;以及通过学习效应和竞争压力实现的生产效率机制。毛其淋和许家云(2014)同样使用中国工业企业数据,研究指出对外直接投资显著促进了企业的创新决策和创新密集度,且这种正向效应具有持续性。来自中国上市公司数据的证据也论证了对外直接投资促进技术创新的基本结论(赵宸宇和李雪松,2017;明秀南等,2019)。

二、对外直接投资异质论

尽管一些研究均证实发达国家和新兴国家对外直接投资确有技术创新效应,但也有少数研究认为对外直接投资可能对企业的创新活动产生抵消作用,并购后减少的竞争和提高的融资成本都不利于企业的研发创新,甚至可能成为母国产业"空心化"的元凶。基于两国不完全竞争的博弈模型的分析发现,企业对外直接投资与国内研发之间既存在互补效应,又存在替代效应,两者之间并不存在确定性的关系(Chen and Yang,2013)。陈等(Chen et al.,2019)以研发投资密度作为衡量研发投资的指标,采用 PSM-DID 估计方法,将 2014 年设置为临界点,研究了 2011~2017 年中国对"一带一路"地区的直接投资。实证研究结果显示,受"一带一路"倡议的影响,对外直接投资虽然增加了海外收益的比重,但降低了资产回报率,不利于企业创新。与之不同,更多的学者从异质性角度论证了 OFDI 对技术创新的影响,包括投资区位、投资模式、企业所有制性质、资本累积程度、金融发展、环境规制等方面。

(一)东道国视角

在投资区位选择上,对外直接投资流向经济发展水平不同的地区,面对的竞争者与合作者的竞争实力迥异，接触的消费者信息也存在差异，因而对母国技术创新产生不同的影响。企业对外直接投资可以从东道国市场环境中学习和获取互补性的知识和技术，弥补自身创新发展的不足，进而促进创新绩效的提升。基于 2001~2012 年中国 96 家高科技企业的实证研究（Piperopoulos et al.，2018），采用极大似然和 IV 方法估计了负二项回归模型，证实对外直接投资有利于提高专利引用量，且当投资流向创新体系更完善的发达国家时，企业将面临要求更高的客户群体，与处于价值链顶端的企业竞争，更利于后续的知识获取，以及技术创新能力的提升。洪等（Hong et al.，2019）使用 2004~2014 年中国 31 个省份数据的实证研究发现，对外直接投资虽然增加了企业共享与学习新知识的机会，缩短了新产品研发的时间，有利于提升创新绩效。但是，由于新兴市场研发投入较低、缺乏人力资本禀赋，难以产生复杂的、前沿的技术，因此对外直接投资对技术创新的正向影响在投资于发达国家时更显著。周等（Zhou et al.，2019）认为发达国家集中分布着高端研发中心，在接近技术源头的地方，跨国企业更容易学习前沿知识与技术，从而向发达国家的直接投资显著促进了创新绩效的提升；而投资于发展中国家更容易获取自然资源与开拓市场，这类对外直接投资对创新绩效的影响并不明显。另外的研究也证实了东道国的经济发展水平直接影响跨国企业的创新绩效，相较于发展中国家，投资于发达国家更能提高创新绩效（Pradhan and Singh，2009；Dong et al.，2021）。除了经济发展水平，东道国的制度环境也对跨国企业的海外经营产生影响。衣长军等（2018）运用零膨胀负二项回归模型的实证检验发现，母国与东道国的正式制度距离能够显著提升跨国企业的专利拥有数量，促进企业创新，而非正式制度距离成为横在海外子公司与母公司之间的障碍，对先进知识与技术的转移产生一定的负面影响，进而不利于跨国企业的创新绩效。

对外直接投资模式与动机在母国创新绩效中也发挥着极为重要的作用，从投资模式上看，无论是合资还是并购模式都对企业创新具有积极影响，但两者侧重于不同的产品创新类型。丹拉普等（Dunlap et al.，2016）将产品创新分为开发型产品创新和探索型产品创新,其中,开发型产品创新与拓展市场关联,探索型产品创新更注重科学价值。他们使用1993~2008年全球制药行业数据的实证检验发现,合资模式为跨国企业创造更多的合作机会,帮助企业克服路径依赖问题,有利于企业实现内部知识重组,以及从事探索性的、具有高科技价值的产品创新;而并购模式更注重提升组织效率,有利于开发型产品创新。从投资动机上看,扩张型和防御型对外直接投资对创新决策的作用机制不同,进而影响创新产出。

(二) 母国视角

投资区位、投资模式与投资动机都是从东道国视角来考察OFDI对母国技术创新的异质性影响,从母国视角来看,禀赋条件、环境规制等也尤为重要。

在宏观上,禀赋条件主要体现在区域创新能力、吸收能力与金融体系建设上。对外直接投资成为提升我国自主创新能力的第三大创新主渠道,仅次于自主研发投入和人力资本投入,但在不同创新能力的区域,对外直接投资对技术创新的影响存在差异。杜龙政和林润辉(2018)在C-H模型的基础上,以2003~2015年中国省级面板数据为样本的实证研究发现,当处于"创新前阶段"时,对外直接投资对创新水平并未产生显著的影响;在创新启动阶段,对外直接投资显著促进发明专利授权数量的增加;当处于创新加速阶段,这种促进作用进一步增强。企业OFDI在国际市场上获取所需的资源,并与生产和研发相结合,逐步提升竞争力,但这一作用受到吸收能力的制约。李等(Li et al.,2016)依据知识生产函数(KPF)构建区域创新绩效的计量模型,使用2003~2011年中国省级面板数据的经验研究发现,吸收能力在对外直接投资的创新绩效中发挥着正向的调节作用,研发知识存量与质量越高的省份,吸收能力越强,对外直接投资对创新绩效产生的正向影响越大。除吸收能力外,金融发展和人力资本禀赋也发挥着调节效应,金融体系建设越完善的地区,融资成本越低,企业在国内可以有效地开发资源,增加研发投入,对国外资源的依赖程度相对较低,因而对外直接投资对创新绩效的积极影响效应不及金融体系建设健全程度较低的地区。基于2004~2014年中国省级面板数据的实证研究（Zhou et al.，2019）证实了该观点，认为金融发展水平弱化了对外直接投资对创新绩效的影响，包括发达国家的正向影响和发展中国家的负向影响。

在微观上，禀赋条件表现在企业的技术实力、重组能力与所有权性质等方面。首先，技术水平决定了企业在国内外研发中的决策行为，贝尔德伯斯等（Belderbos et al.，2008）构建了来自不同国家的两个跨国企业的研发决策互动模型，两家企业在彼此的母国市场中拥有子公司，面对国内外的市场竞争，它们同时进行国内外研发份额的决策。研究结果表明，受知识转移效率、知识溢出强度和竞争程度的影响，技术领先者和技术跟随者的研发国际化面临着不同的激励，技术领先者在技术水平上具有绝对的领先优势，拥有更高的内部知识转移效率，因而更依赖国内研发；技术跟随者在国外进行技术采购更有效，且知识也更容易转移回国内，因而更倾向于国际研发。其次，企业的重组能力在研发国际化的创新绩效中发挥着调节效用。金姆等（Kim et al.，2020）结合区域化和创新重组理论，假设国外知识寻求活动必然会为企业提供新知识，引入相互依赖的（非）经济，即由于区域内国家之间的相互依赖而产生的（非）优势，构建了一种新的区域化成本与收益的理论机制，研究了跨国企业研发活动区域化程度对其创新绩效的影响。在此基础上，使用全球医药行业数据的实证检验发现，企业研发活动区域化对创新绩效具有倒"U"型影响，重组能力通过影响研发国际化的收益与成本，对两者的倒"U"型关系产生调节效应。当企业重组能力较强时，临界值处表示的研发区域化程度更高，且倒"U"型关系更趋于平缓。

此外，不同所有制性质的企业OFDI对技术创新的影响存在较大差异，基于中国企业对外直接投资数据的研究（Dong et al.，2021），采用PSM-DID方法，发现对外直接投资通过直接购买技术、获取前沿技术信息以及劳动力的跨国流动来提高发明专利数量，民营企业对外直接投资显著促进了创新绩效，而国有企业和外资企业对外直接投资对创新绩效的影响不大。基于印度汽车行业对外直接投资影响国内创新绩效的研究（Pradhan and Singh，2009）发现，跨国活动使得印度汽车企业在东道国市场获取了技术和市场信息，促进其进行更高层次的研发，其中，全资公司和全资子公司的对外直接投资都激励企业积极开展创新活动，且前者的激励效果更为明显。同时，母国环境规制在对外直接投资创新绩效中具有门槛效应。韩先锋等（2018）采用随机前沿法测度区域创新效率，利用 2004~2015 年中国省级面板数据的实证检验发现，受环境规制影响，对外直接投资对区域创新效率产生"先促进后抑制"的三重门槛效应，这就表明，环境规制并非越强越好，适度的环境规制才能发挥对外直接投资对技术创新的积极影响效应。

三、对外扩张速度对技术创新的影响

近年来，对外扩张速度的相关研究更多地集中在扩张速度对企业绩效的影响上，杨等（Yang et al.，2017）以组织学习理论为基础的研究指出，对外扩张速度对企业绩效的影响呈倒"U"型，若对外扩张速度过快，企业则遭受时间压缩不经济，产生额外的成本；若对外扩张速度过慢，企业则难以实现学习曲线效应，对企业绩效产生不利影响。这一结论得到以每年平均设立的海外子公司数量为表征的对外扩张速度，以及 1986~1997 年 1263 家日本跨国企业数据实证检验的支持。而周燕和郑涵钰（2019）发现中国上市企业对外扩张速度与企业绩效之间存在显著的正相关关系，且内外部因素对两者的关系产生显著的调节效应，研发投入强度和资本密集度具有显著的正向调节效应，当投资区位为发达国家时，对外直接投资对企业绩效的提升效应更明显、更稳健持久。

关于对外扩张速度与企业技术创新的相关研究不多，以实证研究为主，且研究结论不一。李笑和华桂宏（2020）利用 2008~2017 年中国上市公司数据的实证研究发现，基于深度和广度的技术寻求型对外扩张速度与企业创新绩效之间呈倒"U"型关系，且企业吸收能力和投资地区的差异具有调节作用。类似地，谷克鉴等（2020）证实了对外直接投资速度对企业创新的倒

"U"型影响，并指出累积海外投资经验对企业创新具有激励作用。董有德和陈蓓（2021）同样使用中国上市公司数据，从金融约束的视角分析了对外直接投资对企业研发支出的影响，理论模型和实证检验结果表明，以海外子公司增量为表征的对外直接投资增量促进了企业的研发支出，但融资约束减弱了这种促进效应；以企业海外子公司存量为表征的对外直接投资存量，通过缓解内源融资约束持续促进企业研发支出。与之不同，黄远浙等（2021）利用1998~2013年中国工业企业数据进行了研究，认为对外直接投资深度与创新绩效之间呈"U"型关系，而对外直接投资广度则显著促进创新绩效，这一结果具有制度多样化、制度距离、投资区位、投资动机、企业所有制的异质性特征。

第四节 总结与评述

通过对既有研究的梳理。我们得到的主要结论如下所示。

第一，在技术创新的影响因素方面，学界展开了积极的探索。金融发展与数字金融有利于缓解融资约束，驱动技术创新；人力资本累积尤其是高管的多样化职业经历一定程度上减少了企业的短视行为，降低了研发投资的风险，进而激励企业积极开展技术研发活动，有利于企业创新；市场运行通过资源配置效率影响技术创新；政府的财政补贴与监管对企业创新行为产生激励与约束的作用；知识产权保护制度与文化制度对创新投入与产出产生影响。因此，学界从多方面、多角度探索了技术创新可能的影响因素。

第二，在对外直接投资相关理论方面，无论是发达国家还是新兴国家的研究均明确了对外直接投资具有母国经济效应。边际产业扩张理论、产品生命周期理论和内部化理论分别从国际分工、规模经济、交易成本构建了发达国家对外直接投资的理论体系。投资发展周期理论和小规模技术理论从发展中国家比较优势的角度阐释对外直接投资行为；LLL理论和技术地方化理论从与发达国家建立联系、引进、消化、吸收、再创新的过程角度，构建了发展中国家对外直接投资的理论体系。

第三，在OFDI母国经济效应的经验研究方面，学界从逆向技术溢出与生产率效应、竞争力效应、绿色经济效应、就业效应等方面进行了较为详尽的探索。由于在数据、方法等方面存在差异，所得结论略有差异。大部分研究证实了以上各种效应的存在性，但受自身禀赋、投资动机与模式、母国与东道国特征的影响，不可一概而论。

第四，在对外直接投资与母国技术创新方面，学界主要基于发达国家和发展中国家的数据分别进行了经验研究，得出的结论并不一致。部分研究认为对外直接投资加强了国际竞争与合作，有利于母国技术创新。另一种观点则否认这种积极效应，指出跨国投资减少了母国内部竞争、增加了融资成本，对母国创新投入形成挤出效应。还有一些研究从投资流向、企业特征、东道国与母国特征角度阐释了OFDI对母国技术创新的异质性影响。

尽管既有研究在理论与实证方面进行了诸多尝试，考察角度比较详尽，研究结果也比较丰富，但依然存在一些被忽略的重要问题，也是我们准备重点突破的方向。

第一，发达国家对外直接投资的相关理论缺乏对发展中国家的考量，忽略了发展中国家经济快速发展的重要作用。边际产业扩张理论、产品生命周期理论和内部化理论在阐释发达国家OFDI影响母国经济的理论逻辑时，假定发达国家具有绝对的竞争优势与垄断的创新能力，发展中国家只能被动接受发达国家的国际分工安排。但事实上，发展中国家也主动向发达国家OFDI获取互补性资源与技术，以提升资源配置效率。忽略了这一途径，就高估了发达国家以OFDI形式参与国际分工的经济贡献。此外，发展中国家尤其是新兴国家在经济上的增长势头强劲，科技进步速度也很快，在国际市场上与发达国家形成了相对的竞争关系。若不考虑这一因素，则难以准确地对发达国家对外直接投资予以理论解释。

第二，缺乏立足于新兴国家对外直接投资与技术创新的理论框架。既有的相关理论仅刻画了初期发展阶段的情形，以引进技术、学习技术为主，尽管存在再创新的行为，但是仅仅局限于简单的改良，并未突破原有的技术框架。而今，以中国为代表的新兴国家，不断提升科技创新水平，全球创新指数排名逐步攀升，在创新投入与产出上的增长势头强劲。因此，在 OFDI 与技术创新的理论逻辑中，对新兴国家自主创新能力的考察不可忽视。目前，新兴国家以对外直接投资的形式主动参与国际研发，影响全球资源配置，在与发达国家的竞争与合作中，甚至能够主导产品生命周期。那么，为了更好地拟合以中国为代表的新兴国家在国际投资与创新领域的重要位置，构建立足于新兴国家 OFDI 与技术创新的理论分析框架实为必要。

第三，在母国与东道国异质性特征的考察中，尚缺乏对制度环境的系统分析。在 OFDI 影响技术创新的相关异质性分析中，主要涉及投资模式、投资动机、区位选择、母国或企业禀赋条件等方面，较少关注制度环境的作用。一个重要的原因为，制度环境难以刻画，缺乏相对客观的度量指标。然而，制度是约束经济主体行为的规范，母国与东道国的制度距离对跨国企业的生产经营、运作管理、研发创新等方面产生激励和约束的作用，母国的制度环境影响企业 OFDI 的动机、国际市场中的生产与研发活动以及先进技术在母国的转移和扩散。因此，对外直接投资与技术创新的相关研究忽视了对东道国和母国制度环境的考察，在一定程度上导致了估计结果的偏差。

第三章　对外直接投资、制度环境与技术创新的理论分析

中国自2013年起，全球创新指数排名稳步提升。2021年，中国以54.8分位居中等收入国家的首位，全球排名第12位。一些大类指标和细分指标都处于全球领先位置，在创新投入和产出上均具有明显优势，尤其是在产学研合作、发展特色产业、无形资产、知识创造、知识的影响等方面[1]。2022年，中国的排名继续攀升，位列第11位[2]，因而中国已经具备一定的甚至相当强的自主创新能力[3]。在当前国际经济竞争与合作的背景下，中国企业OFDI在国际市场中可以充分利用国际国内两个市场和两种资源，来优化资源配置，提升自主创新实力，以更高水平的国际循环促进国内循环，实现国内创新结构的转型。那么，究竟中国企业OFDI对技术创新产生什么样的影响呢？制度环境又在其中发挥着什么作用呢？

本章旨在构建理论分析框架，研究中国OFDI对国内技术创新的影响，探索中国与东道国的制度距离在其中发挥的调节效应，并关注母国制度环境对OFDI与技术创新的关系产生的影响。首先，在已有研究的基础上，将对外直接投资外生化，本章构建了立足于中国企业创新的局部均衡模型，分析

---

[1] 《2021年全球创新指数报告》发布：中国名列第12位[EB/OL]. http://www.ce.cn/xwzx/gnsz/gdxw/202109/20/t20210920_36931282.shtml. 2021-09-20.

[2] 《2022年全球创新指数报告》：中国排名连续十年稳步提升[EB/OL]. http://www.news.cn/fortune/2022-09/30/c_1129043598.htm. 2020-09-30.

[3] 根据世界知识产权组织（WIPO）发布的《2021年全球创新指数报告》的统计数据，除中国外，其他中高收入国家也表现出强有力的创新实力。在世界排名前50的国家中，还有保加利亚（35位）、马来西亚（36位）、土耳其（41位）、泰国（43位）、俄罗斯（45位）和黑山（50位）6个中高收入国家。

了 OFDI 对企业技术创新的影响效应。其次，在基本理论模型的基础上，纳入制度距离参数，从研发成本和市场价值角度，尝试探索制度距离在 OFDI 与企业技术创新关系中发挥的调节效应，并区分正式制度距离和非正式制度距离。最后，仅考虑创新部门，构建了一个基于企业利润最大化的简化模型，将母国制度环境以影响预期收益的方式纳入模型，来分析在母国制度环境的影响下，OFDI 与母国技术创新之间的非线性关系。

第一节　对外直接投资影响企业技术创新的理论分析

已有研究（Glass and Saggi，2002；Glass and Wu，2007）构建了一个存在北方国家（发达国家）和南方国家（发展中国家）的一般均衡模型，探讨了南方国家知识产权保护力度对跨国投资和北方国家企业创新的影响。其中，北方国家具有创新能力，掌握生产最高质量产品的技术，并通过 OFDI 将生产转移至南方国家，南方国家并不具备创新能力，但可以通过模仿先进技术，对发达国家创新企业和跨国企业产生竞争效应。其理论逻辑遵循熊彼特"创造性破坏"的思想，创新成功的产品并不是在既有技术水平上的简单改良，而是突破了原来的技术框架，实现产品质量的跃迁。在此模型中，创新由技术扩散形成的产品生命周期驱动。对外直接投资是技术扩散的方式之一，南方国家的低劳动成本优势激励北方企业 OFDI，北方国家对南方国家的直接投资产生了知识溢出，南方国家企业的技术水平得以提升，并以低成本优势挤压北方国家企业的利润，迫使其研发更高质量水平的产品，进一步增强创新能力。

在既有研究（Glass and Saggi，2002；Glass and Wu，2007）的基础上，我们将对外直接投资外生化，基于逆技术梯度和顺技术梯度 OFDI[①]两种情况，来推导 OFDI 对中国企业技术创新的影响。其一，中国对高收入国家开

[①]　逆技术梯度的 OFDI 是指由低技术梯度国家向高技术梯度国家的直接投资，顺技术梯度的 OFDI 是指由高技术梯度国家向低技术梯度国家的直接投资。

展逆技术梯度的直接投资，将创新部门转移至技术更先进的东道国，建立研发中心。首先，跨国企业能够嵌入当地的相关产业链中，对高端技术进行模仿学习。其次，在更高层次的消费市场中，便于获取前沿的市场信息；此外，还可以与当地创新企业（或机构）进行合作研发，获取自主创新所需的技术、知识、经验、信息等资源。而后，跨国企业将获取的技术、资源等移至母国企业，用于自主研发过程，这是一种技术的回流。需要特别强调的是，中国向高收入国家直接投资的主要动机为提升自身的自主创新能力，实现跨越式发展（刘文勇，2020）。尽管模仿、复制以及改良技术并在中国生产，也会因低成本优势对高收入国家企业形成挑战，挤压其市场份额，但是这种技术改进并未实现产品质量的提升。因此，中国向高收入国家直接投资后，专注于在竞争与合作中提升自主创新能力，实现高端技术的突破[①]。其二，中国向低收入国家开展顺技术梯度的直接投资，将生产转移至劳动力成本更低的东道国，开拓市场，提高企业利润，优化资源配置，为自主创新提供发展空间和动力。同时，跨国企业也将技术溢出至低收入国家，低收入国家的低生产成本优势对中国企业形成挑战，产生竞争效应，挤占中国的市场份额，激励中国企业加快自主创新步伐。

由以上分析可知，本章从以下方面修正了已有模型：第一，已有研究大多假定发展中国家在创新中处于被动地位，只能接受发达国家的技术转移，而无自主创新的能力。这一假定并不符合中国正在进行创新型国家建设的经济事实。因此，我们假设中国企业已经具备自主研发能力。第二，鉴于中国对外直接投资的东道国既有高收入国家也有低收入国家，且两类东道国在经济基础、技术实力等方面存在较大的差异。我们将 OFDI 分为逆技术梯度和顺技术梯度两种情况。逆技术梯度为中国对高收入国家转移创新部门的直接

[①] 换言之，逆技术梯度的 OFDI 仅转移创新部门的原因为：一是逆技术梯度的 OFDI 在高收入国家模仿学习高端技术，在模仿成功后，生产产品的定价等于高收入国家的边际成本，无法获得正的利润。二是虽然模仿成功后返回中国生产可获得正的利润（产品定价为高收入国家的边际生产成本，大于中国的边际生产成本），但中国企业旨在提升当前最高的产品质量。因此，直接在学习与引进技术的基础上进行高层次的创新。

投资，顺技术梯度为中国对低收入国家转移生产的直接投资。同时，将 OFDI 以降低单位创新所需劳动（资源）的形式纳入模型。第三，由于已有模型比较宏大，虽然存在消费者问题，但在后续的均衡分析中仅仅涉及消费者偏好和需求函数。因此，我们剔除了消费者问题，直接假设消费者偏好和需求函数，进行局部均衡分析。

一、创新部门

我们分逆技术梯度和顺技术梯度 OFDI 两种情况进行推导，当存在逆技术梯度 OFDI 时，理论模型包含的企业有：（1）高收入国家创新企业（H），（2）中国创新企业（M），（3）中国对外直接投资企业（F），它是中国创新企业的海外子公司。当存在顺技术梯度 OFDI 时，理论模型包含的企业有：（1）中国创新企业（M），（2）中国对外直接投资企业（F），（3）低收入国家模仿企业（O）。

（一）基本假设

技术创新是指通过研发投入、资源供给等方式实现的技术突破。在模型中，技术创新表现为研发投入而引致的创新率的提高；在消费者市场中，技术创新表现为产品质量的提升。假设产品提供的质量为 $q_m = \lambda^m$，$\lambda > 1$[①]，其中，m 表示产品质量提升的次数，λ 为产品质量增量（每次产品质量提升的幅度）。在初始期，产品的质量等于 1[②]。

创新类似于购买彩票，是一种具有高风险和高不确定性的投资活动，为了获得创新成功的机会，企业纷纷进行研发投入。研发强度表示企业在创新上付出的努力程度，也代表企业提升产品质量的可能性，研发强度越大，创新成功的可能性越高，但任何强度的研发都无法保证创新成功。假设企业创新成功的概率服从连续的泊松分布过程，一个企业在任何微小的时期 dt 内，

---

① 根据对产品质量的定义，新一代的产品提供的质量要优于旧一代，即 $q_m > q_{m-1} \rightarrow \lambda^m > \lambda^{m-1} \rightarrow \lambda > 1$。

② 在初始期，$m = 0$，产品的质量为 $q_0 = \lambda^0 = 1$。

创新（或模仿）承担$\iota_i(i=H, M, F, O)$单位的研发强度，获得$\iota_i dt$的成功概率①。单位研发强度需要投入a_i单位的劳动力（或资源），研发总成本为$w_i a_i \iota_i$。其中，w_i表示各国的工资率。当存在逆技术梯度OFDI时，将中国的工资率标准化为1，w_H表示高收入国家与中国的相对工资率；当存在顺技术梯度的OFDI时，将低收入国家的工资率规范化为1，w_M表示中国与低收入国家的相对工资率。

不同企业之间的边际研发成本存在差异。由于高收入国家位于全球价值链的高端，具有引领技术前沿的基础，即拥有研发当前最高质量产品的经验，尽管存在高端技术的溢出效应，但其溢出是不完全的（Glass and Wu, 2007），故而高收入国家的创新企业享有研发成本优势。模仿仅仅是复刻当前产品的最高质量，并未提升当前的最高质量，因而模仿的成本低于创新的成本。相对于低收入国家，中国具有技术基础优势，模仿能力更强，单位模仿成本更低。因此，当开展逆技术梯度OFDI时，$a_M>a_H$；当开展顺技术梯度OFDI时，$a_M>a_O>a_F$。此外，中国也吸引了大量的外商直接投资（FDI），FDI主要是为了在中国获取资源或雇佣廉价的劳动力。尽管如此，FDI也会对中国企业产生一定的技术溢出效应，从而提升中国企业的创新能力。鉴于本章关注的重点不在于此，为了简化分析，我们将FDI对中国创新能力的贡献暗含在边际研发成本中。换言之，a_M为经FDI技术溢出调整后的边际研发成本。

为简单起见，假设创新是没有记忆的。也就是说，创新能否成功不受既往创新投入的影响，仅仅取决于当期的创新活动。产品质量的提升空间是无限的，创新企业旨在更新当前最高的产品质量，将最高质量提升一个层次②，模仿企业旨在模仿当前最高的产品质量，而并未提升最高质量。一国的创新

---

① 在单位时间内，创新成功的概率为：$P[z(t)=k]=\dfrac{(\iota_i dt)^k e^{-\iota_i dt}}{k!} \xrightarrow[]{k=1, dt \to 0} \approx \iota_i dt$。

② 一旦有企业创新成功，其他企业不再开发相同质量的产品，而是在现有最高质量产品的基础上进行更高层次的创新。

企业以国外的产品为目标,而不以本国的产品为目标。当 OFDI 流向高收入国家,在接近高端技术研发源头的区域,一方面,跨国企业在东道国建立研发中心,或者直接雇佣东道国创新企业的技术工人,或者对最高质量的产品进行逆向设计(Yang et al., 2013;Anderson and Sutherland, 2015),实现对高端技术的复刻,为中国创新企业自主研发奠定基础。另一方面,跨国企业也可以与当地创新企业(或机构)进行研发合作,积极地观察当地创新企业的研发动态,积累研发经验,获取研发资源,完善知识体系建设,为中国创新企业自主研发提供动力。当 OFDI 流向低收入国家,企业拓展了产品销售市场,通过转移生产、边缘技术与过剩产能,提高产品销售利润,进而提升国内资源的配置效率,为中国创新企业自主研发提供发展空间。再者,东道国企业模仿学习跨国企业的先进技术,产生竞争效应,激励中国企业进一步创新。以上逆技术梯度和顺技术梯度的 OFDI 都提高了中国创新企业的研发能力,进而减少单位研发强度所需的劳动(或资源)。假定中国企业的对外直接投资为 I_N,ι_M 单位的企业研发强度需要 $(1/I_N)a_M\iota_M$ 单位的劳动,对外直接投资强度越大,边际强度创新所需的成本越低。

(二) 创新决策

企业进行创新(或模仿)需要花费的成本为 $w_i a_i \iota_i \mathrm{d}t$,期望收益为 $v_i \iota_i \mathrm{d}t$。其中,w_i 为工资率,v_i 为企业的市场价值。企业通过最大化预期市场价值来决定创新(或模仿)的强度 ι_i。换言之,最优研发强度由创新(或模仿)的成本和收益决定(边际收益=边际成本),由此可得:

$$\max_{\tilde{\iota} \geqslant 0} \int_0^\infty e^{-(\rho+\iota)t}[v_i - w_i a_i]\iota_i \mathrm{d}t = \max_{\tilde{\iota} \geqslant 0}\left[\frac{v_i - w_i a_i}{\rho + \iota}\right]\iota_i \leftrightarrow \max_{\tilde{\iota} \geqslant 0}[v_i - w_i a_i]\iota_i$$

(3-1)

其中,v_i 表示 i 企业创新成功的回报,即企业创新成功后的价值;e^{-u} 表示在 t 时刻前在同行业内没有其他企业创新成功的概率,ι 是其他企业的创新强度。当预期收益不低于预期成本时($v_i \geqslant w_i a_i$),企业才会进行非负强度的创新($\iota_i>0$);当预期收益不超过预期成本时($v_i \leqslant w_i a_i$),才能产生有限的创新率。

情况1：逆技术梯度OFDI。

当开展逆技术梯度的直接投资时，对于高收入国家创新企业，既要保证非负强度的创新（$\iota_H>0$），又要产生有限的创新率（$v_H \leq w_H a_H$），由此可得：

$$v_H \leq w_H a_H, \quad \iota_H>0 \Leftrightarrow v_H = w_H a_H \qquad (3-2)$$

类似地，对于中国创新企业：

$$v_M \leq (1/I_N) a_M, \quad \iota_M>0 \Leftrightarrow v_M = (1/I_N) a_M \qquad (3-3)$$

情况2：顺技术梯度OFDI。

当开展顺技术梯度的直接投资时，对于中国创新企业：

$$v_M \leq (1/I_N) w_M a_M, \quad \iota_M>0 \Leftrightarrow v_M = (1/I_N) w_M a_M \qquad (3-4)$$

对于低收入国家模仿企业：

$$v_O \leq w_O a_O, \quad \iota_O>0 \Leftrightarrow v_O = a_O \qquad (3-5)$$

当OFDI的预期收益不少于中国创新企业的预期收益时（$v_F \geq v_M$），才能保证OFDI的顺利开展（$I_N>0$）；当OFDI的预期收益不超过创新企业的预期收益时（$v_F \leq v_M$），才能保证有限的OFDI强度。据此，对于跨国企业：

$$v_F \leq v_M, \quad I_N>0 \Leftrightarrow v_F = v_M \qquad (3-6)$$

二、生产部门

（一）基本假设

在任何时刻，所有国家创新企业之间都存在相互的垄断竞争关系。企业一旦创新（或模仿）成功，将选择价格 $p_i(i=H, M, F, O)$ 来最大化企业利润 $\pi_i = (p_i - c_i) x_i$，其中，c_i 为边际生产成本，x_i 为产量（或销量）。关于生产成本，简化起见，假定劳动是唯一的生产要素，生产规模报酬不变。在创新成功之后，任何企业在本国生产单位产品的劳动力需求规范为1，即生产1单位的产品需要1单位劳动。对于顺技术梯度OFDI，企业将生产转移至低收入国家，面临增加的组织协调成本、不熟悉的地理与市场环境等问题，单位产量所需的劳动力要高于低收入国家的本土企业。假设向低收入国家直接投资企业生产单位产品的劳动力需求为 θ，且 $\theta>1$。

关于产量（销量），均衡时企业的产量等于产品需求量，这里需要对消费者问题做一些必要的假定。假定消费者支出为 E，在市场中，消费者将选择质量调整价格最低的商品，即 $p_m(\omega)/q_m(\omega)$ 最低的产品。若两个商品质量调整后的价格相同，则假定消费者会选择质量水平更高的商品①。给定消费者需求函数为：

$$x_m = E/p_m \qquad (3-7)$$

其中，x_m 表示质量为 q_m 的商品的需求量，p_m 表示质量为 q_m 的商品的价格。

关于定价，在伯川德（Bertrand）竞争下，生产者选择一个限定价格恰好使竞争对手从中获得正常利润。在这个逻辑思路下，创新企业的最优定价策略为质量调整后的产品价格等于第二高的边际生产成本。也就是说，在其他条件不变的情况下，企业创新的幅度（λ）越大，创新产品的定价越高。

（二）生产决策

情况1：逆技术梯度OFDI。

当开展逆技术梯度的直接投资时，高收入国家创新企业受中国创新企业的影响②，创新成功的产品价格等于产品质量增量与中国企业边际生产成本的乘积（$p_H = \lambda \times 1$）；产品销量为 $x_H = E/\lambda$；边际生产成本为 $c_H = w_H$。高收入国家创新企业的利润为：

$$\pi_H = \frac{E}{\lambda}(\lambda - w_H) = E\left(1 - \frac{w_H}{\lambda}\right) \qquad (3-8)$$

为了保证高收入国家创新企业的生产是有利可图的（$\pi_H > 0$），在均衡时需满足：$\lambda > w_H$。

中国创新企业的竞争对手为高收入国家的创新企业，创新成功的产品价

---

① 消费者对更高质量产品的偏好激励企业改进产品质量。
② 中国跨国企业仅转移创新部门到高收入国家，不进行生产活动，只有当中国创新企业自主创新成功后才对高收入国家创新企业形成挑战。

格等于产品质量增量与中国企业边际成本的乘积（$p=\lambda\times 1$）；产品销量为 $x_M=E/\lambda$；边际生产成本为 $c_M=w_M=1$。中国创新企业的利润为：

$$\pi_M = \frac{E}{\lambda}(\lambda-1) = E\left(1-\frac{1}{\lambda}\right) \tag{3-9}$$

情况2：顺技术梯度OFDI。

当开展顺技术梯度的直接投资时，中国创新企业创新成功的产品价格等于产品质量增量与低收入国家边际生产成本的乘积（$p=\lambda\times 1$）；产品销量为 $x_M=E/\lambda$；边际生产成本为 $c_M=w_M$。中国创新企业的利润为：

$$\pi_M = \frac{E}{\lambda}(\lambda-w_M) = E\left(1-\frac{w_M}{\lambda}\right) \tag{3-10}$$

为了保证中国创新企业的生产是有利可图的（$\pi_M>0$），在均衡时需满足：$\lambda>w_M$。

低收入国家模仿中国跨国企业最高质量水平的技术后，对技术进行改良，这种改良并未突破现有最高质量产品的技术框架，其生产面临与跨国企业分割市场份额的局面。此种情况下，模仿企业只要将产品定价等于跨国企业的边际生产成本，就可以将跨国企业逐出市场，即 $p_O=\theta$；产品销量为 $x_O=E/\theta$；边际生产成本为 $c_O=1$。低收入国家模仿企业的利润为：

$$\pi_O = \frac{E}{\theta}(\theta-1) = E\left(1-\frac{1}{\theta}\right) \tag{3-11}$$

顺技术梯度的跨国企业将生产转移至低收入国家，面临低收入国家生产企业模仿的影响，产品价格等于产品质量增进幅度与低收入国家企业边际成本的乘积（$p_F=\lambda\times 1$）；产品销量为 $x_F=E/\lambda$；边际成本为 θ。跨国企业的利润为：

$$\pi_F = \frac{E}{\lambda}(\lambda-\theta) = E\left(1-\frac{\theta}{\lambda}\right) \tag{3-12}$$

为了保证跨国企业的生产是有利可图的（$\pi_F>0$），在均衡时需满足：$\lambda>\theta$。

三、无套利条件

情况1：逆技术梯度OFDI。

当开展逆技术梯度的直接投资时，高收入国家创新企业面临同样具有自主创新能力的中国创新企业的影响，创新成功的市场价值为：

$$v_H = \int_0^\infty e^{-(\rho+\iota_M)} \pi_H \mathrm{d}t = \frac{\pi_H}{\rho+\iota_M} \tag{3-13}$$

中国创新企业面临高收入国家创新企业的影响，创新成功后的市场价值为：

$$v_M = \int_0^\infty e^{-(\rho+\iota_H)} \pi_M \mathrm{d}t = \frac{\pi_M}{\rho+\iota_H} \tag{3-14}$$

情况2：顺技术梯度OFDI。

当开展顺技术梯度的OFDI时，中国创新企业不面临任何影响，但有一定的概率将生产转移到低收入国家而实现资本增值，创新成功后的市场价值为：

$$v_M = \int_0^\infty e^{-\rho}[\pi_M + \iota_F(v_F - v_M)]\mathrm{d}t = \frac{\pi_M + \iota_F(v_F - v_M)}{\rho} = \frac{\pi_M}{\rho} \tag{3-15}$$

低收入国家模仿企业面临中国创新企业的影响，其市场价值为：

$$v_O = \int_0^\infty e^{-(\rho+\iota_M)} \pi_O \mathrm{d}t = \frac{\pi_O}{\rho+\iota_M} \tag{3-16}$$

跨国企业面临低收入国家模仿企业的影响，其市场价值为：

$$v_F = \int_0^\infty e^{-(\rho+\iota_O)} \pi_F \mathrm{d}t = \frac{\pi_F}{\rho+\iota_O} \tag{3-17}$$

四、出清条件

情况1：逆技术梯度OFDI。

当开展逆技术梯度的直接投资时，在均衡状态，高收入国家创新企业和中国创新企业所占的市场份额分别为 n_H 和 n_M，满足：$n_H + n_M = 1$；中国和高收入国家的劳动力市场完全出清。高收入国家劳动需求量包括中国跨国企业模仿、高收入国家企业创新和生产所需的劳动量，所以高收入国家劳动力市场出清条件为：

$$a_F\iota_F n_M + a_H\iota_H n_M + n_H E/\lambda = L_H \qquad (3-18)$$

其中，$a_F\iota_F n_M$ 为中国跨国企业模仿高收入国家的先进技术所需的劳动力，$a_H\iota_H n_M$ 为高收入国家创新企业研发所需的劳动力，$n_H E/\lambda$ 为高收入国家企业生产产品所需的劳动力，L_H 为是外生假定的高收入国家实际劳动供给量。

中国劳动需求量包括企业创新和生产所需的劳动量，因而中国的劳动力市场出清条件为：

$$(1/I_N)a_M\iota_M n_H + n_M E/\lambda = L_M \qquad (3-19)$$

其中，$(1/I_N)a_M\iota_M n_H$ 为中国创新企业研发所需的劳动力，$n_M E/\lambda$ 为中国企业生产产品所需的劳动力，L_M 为外生给定的中国实际劳动供给量。

情况2：顺技术梯度 OFDI。

当开展顺技术梯度的直接投资时，在均衡状态，存在的三种类型的企业所占的市场份额分别为 n_M、n_F、n_O，满足：$n_M + n_F + n_O = 1$；中国和低收入国家的劳动力市场完全出清。中国劳动需求量包括企业创新和生产所需的劳动量，因而中国的劳动力市场出清条件为：

$$(1/I_N)a_M\iota_M n_O + n_M E/\lambda = L_M \qquad (3-20)$$

其中，$(1/I_N)a_M\iota_M n_O$ 为中国创新企业研发所需的劳动力，$n_M E/\lambda$ 为中国企业生产产品所需的劳动力，L_M 为外生给定的中国实际劳动供给量。

低收入国家劳动需求量包括低收入国家模仿、生产以及中国跨国企业生产所需的劳动量，其劳动市场出清条件为：

$$a_O\iota_O n_F + n_O E/\theta + n_F E/\lambda = L_O \qquad (3-21)$$

其中，$a_O\iota_O n_F$ 为低收入国家企业模仿中国跨国企业的先进技术所需的劳动力，$n_O E/\theta$ 为中国跨国企业生产产品所需的劳动力，$n_F E/\lambda$ 为低收入国家企业生产产品所需的劳动力，L_O 为外生给定的低收入国家实际劳动供给量。

五、均衡分析

对外直接投资是一种海外扩张行为，或陌生或复杂的国际市场激励跨国企业开展研发活动，跨国企业通过与东道国拥有先进技术的企业（或机构）的竞争与合作，激发研发动力，共摊研发投入与共享研发成果，获得研发资源与技术溢出。此外，对外直接投资也是获取稀缺性自然资源、转移生产、节约生产成本、开拓市场的手段之一，有利于提升资源配置效率。创新强度更多地表现为研发投入的多寡以及创新成功的可能性，我们更感兴趣的是创新的速度，即总创新率。参考已有研究（Glass and Wu，2007）的做法，本书用创新强度与目标产品市场份额的乘积来表示总创新率，它表示所有产品的创新速度。我们依然分逆技术梯度和顺技术梯度 OFDI 两种情况进行均衡分析。

情况 1：逆技术梯度 OFDI。

当开展逆技术梯度的直接投资时，相较于高收入国家，中国的创新能力相对较弱，自主研发的边际成本较高。企业向高收入国家的直接投资，可以累积研发经验、深入学习和模仿前沿知识与技术、获取互补性资源与信息，有利于降低中国企业创新的边际研发成本，激励创新企业积极进行自主研发并开发新产品，提升产品的最高质量水平。高收入国家企业的创新率为 $\phi_H = \iota_H n_M$；中国企业的创新率为 $\phi_M = \iota_M n_H$；中国跨国企业的模仿率为 $\phi_F = \iota_F n_M$。均衡时，高收入国家企业因创新成功而获得的转移至本国的生产，应该与中国企业因创新成功而获得的转移至国内的生产相等，即 $\phi_H = \phi_M$。中国跨国企业在高收入的模仿与中国企业的自主创新之间既一脉相承又完全替代，创新企业在跨国企业模仿的基础上进行自主研发，自主研发所产生的创新率与模仿率相等，即 $\phi_M = \phi_F$。将（3-2）式、（3-8）式代入（3-13）式可得：

$$(\rho+\iota_M)w_H a_H = E\left(1-\frac{w_H}{\lambda}\right) \tag{3-22}$$

将（3-3）式、（3-9）式代入（3-14）式可得：

$$(\rho+\iota_H)\frac{a_M}{I_N} = E\left(1-\frac{1}{\lambda}\right) \tag{3-23}$$

结合创新率整理（3-18）式、（3-19）式，可得：

$$\left(a_H+a_F+\frac{E}{\lambda \iota_M}\right)\phi_M = L_H \qquad (3-24)$$

$$\left(\frac{a_M}{I_N}+\frac{E}{\lambda \iota_H}\right)\phi_M = L_M \qquad (3-25)$$

由（3-22）式~（3-25）式，可解得①：

$$\frac{\partial \phi_M}{\partial I_N}=\frac{\left[(\rho+\iota_H)EI_N+\lambda a_M\iota_H^2\right]\phi_M}{\iota_H EI_N^2+\lambda a_M\iota_H^2 I_N}>0 \qquad (3-26)$$

$$\frac{\partial \iota_M}{\partial I_N}=\frac{\left[(a_H+a_F)\lambda \iota_M+E\right]\times\left[(\rho+\iota_H)EI_N+\lambda a_M\iota_H^2\right]}{(\lambda a_M\iota_H+EI_N)E\iota_H I_N}>0 \qquad (3-27)$$

$$\frac{\partial \iota_H}{\partial I_N}=\frac{\rho+\iota_H}{I_N}>0 \qquad (3-28)$$

由（3-26）式、（3-27）式和（3-28）式可知，中国企业对高收入国家的直接投资获取知识技术与研发合作机会等，提高了研发资源的利用效率（以下简称"研发效率"）和资源配置效率，增加了中国企业的研发强度，引致中国企业技术创新的提升。同时，中国企业通过抢占高收入国家市场份额，而产生竞争效应，推动高收入国家增加研发强度，引致创新率的增加，从而激发整个经济系统的技术创新潜力。

情况 2：顺技术梯度 OFDI。

当开展顺技术梯度的直接投资时，与低收入国家相比，中国的创新能力相对较强。跨国企业以更低的边际成本生产产品，拓宽了产品的销售市场，提升了企业利润，为中国创新研发积累资源，优化资源配置效率。这种投资在降低生产成本的同时，也产生了技术溢出效应。中低收入国家通过模仿中国跨国企业的产品，如逆向工程的方式，学习和模仿中国的先进技术，在成功模仿技术后应用于本国企业的生产过程。尽管这种模仿并未提升产品的质量水平，但由于跨国企业的边际生产成本高于本土企业的生产边际成本，低收入国家模仿企业挤占了跨国企业的市场份额。中国企业面对竞争，开始新

---

① 求解过程详见附录 A。

一轮的技术研发，若创新成功，则开启新一轮的产品生命周期。中国的创新率为 $\phi_M = \iota_M n_O$；类似地，低收入国家模仿率为 $\phi_O = \iota_O n_C$（模仿强度与目标市场份额的乘积）。均衡时，$\phi_M = \phi_O$。将（3-4）式、（3-10）式代入（3-15）式，可得：

$$\frac{\rho w_M a_M}{I_N} = E\left(1 - \frac{w_M}{\lambda}\right) \qquad (3-29)$$

将（3-5）式、（3-11）式代入（3-16）式，可得：

$$(\rho + \iota_M) a_O = E\left(1 - \frac{1}{\theta}\right) \qquad (3-30)$$

将（3-6）式、（3-12）式代入（3-17）式，可得：

$$(\rho + \iota_O) \frac{w_M a_M}{I_N} = E\left(1 - \frac{\theta}{\lambda}\right) \qquad (3-31)$$

结合创新率整理（3-20）式、（3-21）式，可得：

$$\frac{a_M \phi_M}{I_N} + n_M \frac{E}{\lambda} = L_M \qquad (3-32)$$

$$\left(a_O + \frac{E}{\theta \iota_M} + \frac{E}{\lambda \iota_O}\right) \phi_M = L_O \qquad (3-33)$$

由（3-29）式~（3-33）式，可解得①：

$$\frac{\partial \phi_M}{\partial I_N} = \frac{(\rho + \iota_O) E^2 \theta \iota_M \phi_M}{(\lambda \rho a_M + E I_N)(\lambda \theta a_O \iota_O \iota_M + E \lambda \iota_O + E \theta \iota_M) \iota_O} > 0 \qquad (3-34)$$

$$\frac{\partial \iota_O}{\partial I_N} = \frac{(\rho + \iota_O) E}{\lambda \rho a_M + E I_N} > 0 \qquad (3-35)$$

由（3-34）式和（3-35）式可以推断，通过对低收入国家的直接投资，中国企业将生产转移至低收入国家，提高资源配置效率，产生技术溢出效应。同时，低收入国家增加模仿创新强度，对跨国企业产生竞争效应，进而迫使中国创新企业进一步加快创新步伐，不断提升创新率水平。

综合（3-26）式和（3-34）式及其相关分析，我们认为，中国企业通

---

① 求解过程详见附录B。

过逆技术梯度和顺技术梯度 OFDI，将研发或生产转移至国际市场，在激烈的市场竞争与合作中，企业获取互补性研发与生产资源，优化资源配置，提高研发效率，增加研发投入，不断激发研发潜力，进而促进技术创新。总的来说，我们提出理论命题 1。

命题 1：中国企业对外直接投资对技术创新具有积极影响。

对外直接投资是一个循序渐进的过程，跨国企业在国际市场中学习、积累经验（Jiang et al.，2014），并结合自身发展战略调整 OFDI 速度与路径。组织学习也是一种渐进的、长期的、持续的过程，连续的对外扩张使得跨国企业抓住学习机会，提高组织学习效率（Jiang et al.，2014），激发研发潜力，增强全球竞争力（Chang and Rhee，2011）。连续的 OFDI 首先有利于提升跨国企业在国际市场中生产、经营和研发的合法性（Hurtado-Torres et al.，2018），加强跨国企业与东道国相关合作者的研发效率，持续提升组织学习能力，加快对先进知识的搜索和吸收速度（Yang et al.，2017）。其次，企业 OFDI 的加快伴随着海外子公司网络面积的增大，在更广的地理范围内企业有机会接触更多的竞争者与差异化的知识（Bertrand and Capron，2015）。在多样化环境的摩擦与适应中，以及多元化知识的碰撞与融合中，跨国企业可以较全面地掌握企业不同的创新发展路径，进而结合自身成长环境不断地完善技术创新体系（黄远浙等，2021）。最后，加快海外投资步伐使得企业能够持续掌握国际先进技术的演进动态，及时发现消费者的需求变化，有效地降低新技术与新产品创新的风险与不确定性，进而不断增强企业的技术研发潜力。

然而，企业对外扩张也面临着诸多的问题，承担着一系列的额外成本。首先，OFDI 将部分资本与生产活动转移至国际市场，国内市场面临资源重新分配，这很可能会影响到国内的投资。其次，企业面临东道国之间扩张次序的规划，同一东道国内上下游产业链的延伸，以及母公司与海外子公司之间的组织、协调、知识传输与研究成果共享等问题（Yang et al.，2017）。随着 OFDI 速度的增加，跨国企业的规划、协调等管理难度增大，相应的成本也随之上升，产生一系列的重复性成本（Chen et al.，2012），面临更多的不确定性，从而对提升技术创新能力以及完善适合自身发展的创新体系产生不利的影响。再次，OFDI 速度与海外投资网络复杂度相伴而生，OFDI 速度越快，海外投资网络越复杂。企业在过于繁杂的知识中搜寻互补性技术，增加了知识搜寻成本以及知识融合的难度，一旦多样化知识的融合难度超出企业的能力范围，就会降低学习效率（Casillas and Moreno-Menéndez，2014），减缓技术创新速度。此外，OFDI 不可避免地面临外来者劣势，包括外部制度环境的差异与陌生的经营环境引起的冲突。鉴于各国之间经济基础、政治策略、法律法规、社会文化、意识形态、价值信仰、风俗习惯等的不同，中国与东道国在制度环境上存在着或大或小的差异，跨国企业在东道国的投资与经营活动也承担着由合法性障碍、合规性阻滞、合理性偏差等引致的制度成本（Tang，2019），以及由不确定的客户需求、快速发展的技术和不可预测的竞争行为引致的企业在生产、经营和管理上的不确定性（Wang et al.，2013）。随着 OFDI 速度的加快，跨国企业承担更多的外来者劣势，应对制度差异而引致的沉没成本随之上升，进一步增加了跨国企业的负担。除了以上共性问题，我们分两种情况进行具体分析。

情况 1：逆技术梯度 OFDI。

逆技术梯度的直接投资将部分资本转移至国际市场，在金融市场不完善以及金融资源相对匮乏的情况下，可用于新投资的金融资本减少，流动性降低，利率随之上升，国内企业融资困难（Al-Sadig，2013），这会影响到国内的投资。与此同时，OFDI 伴随着不同价值链之间的融合问题，跨国企业面临东道国之间扩张次序的规划，同一东道国内上下游产业链的延伸，以及母公司与海外子公司之间的组织、协调、知识传输与研究成果共享等问题产生新的组织成本和协调成本（Yang et al.，2017）。如果两国技术不具有较高的相容性，即中国与高收入国家之间的技术差距过大，则难以有效地模仿学习与合作研发，降低知识、技术的获取速度，导致部分效率损失。过度的 OFDI 无论是影响国内投资还是效率损失，都对中国企业技术创新的边际效应产生不利影响。从模型角度，我们对（3-26）式关于 I_N 求偏导，可得：

$$\frac{\partial^2 \phi_M}{\partial I_N^2} = -\frac{[(\rho+\iota_H)E^2 I_N^2+(\lambda a_M \iota_H+2E\iota_H I_N)\lambda a_M \iota_H^2]\iota_H \phi_M}{(\lambda a_M \iota_H+EI_N)^2 \times \iota_H^2 I_N^2} < 0 \quad (3-36)$$

依据（3-36）式可知，逆技术梯度 OFDI 对中国企业技术创新的影响函数为凹函数。结合（3-26）式，我们认为，尽管中国企业对高收入国家 OFDI 的确具有技术创新效应，但由于跨国投资对国内资本形成挤压，以及技术差距引致的效率损失，对技术创新的边际正向影响呈递减趋势。

情况2：顺技术梯度 OFDI。

顺技术梯度的直接投资将部分生产活动转移至国际市场，如果 OFDI 取代了出口或将生产设施转移到低收入国家，那么将直接挤出国内投资，制约中国企业的创新融资。与此同时，转移生产的 OFDI 活动，面临不确定的客户需求、陌生的经营环境和不可预测的竞争行为引致的企业在生产、经营和管理上的不确定性（Wang et al.，2013）。这种不确定性也来自中国与东道国的市场文化距离，它贯穿于 OFDI 整个过程，包括投资区位与目标筛选、相关信息搜集、合同制定以及投资前后的沟通与整合等。若市场文化差异较大，则 OFDI 面临更多的障碍与挑战，有损于跨国经营绩效（Cheng and Yang，2017）。以上不利因素将对 OFDI 的边际技术创新效应产生不利影响。从模型角度，我们对（3-34）式关于 I_N 求偏导，可得：

$$\frac{\partial^2 \phi_M}{\partial I_N^2} = -\frac{(\rho+\iota_O)(\lambda\theta a_O \iota_O \iota_M+E\lambda\iota_O+E\theta\iota_M)E^3 \theta \iota_M \phi_M}{(\lambda\rho a_M+EI_N)^2(\lambda\theta a_O \iota_O \iota_M+E\lambda\iota_O+E\theta\iota_M)^2 \iota_O^2} < 0 \quad (3-37)$$

由（3-37）式可知，顺技术梯度 OFDI 对企业技术创新的影响函数为凹函数。结合（3-34）式，我们认为，尽管中国对低收入国家 OFDI 的确具有技术创新效应，但由于跨国投资面临的不确定性及对国内创新融资的挤压，对技术创新的边际正向影响递减。

经过具体分析，OFDI 对企业技术创新的影响并非简单的线性关系。在 OFDI 初期，加快海外投资步伐可以保障组织学习、经验累积的连续性，提供新知识与新资源，为跨国企业技术创新持续注入动力。然而，当 OFDI 速度超过一定的临界值后,在复杂的海外投资网络中,跨国企业整合多元知识的难度上升,产生诸多的额外成本。此时,跨国企业海外扩张的动机超过了海外扩张的能力,从而弱化了 OFDI 速度对技术创新的积极影响。因此,OFDI 速度引致边际成本的增长高于边际收益,即 OFDI 速度对企业技术创新的边际正向影响递减。由此提出理论命题 2:

命题 2:OFDI 速度对企业技术创新的边际正向效应呈递减趋势,即中国企业 OFDI 与技术创新呈倒"U"型关系。

既然我们分逆技术梯度和顺技术梯度 OFDI 两种情况,研究 OFDI 对企业技术创新的影响,那么两者产生的创新效应是否存在差异呢?毕竟,不同的投资区位意味着不同的经济发展水平和技术实力,跨国企业接触到的资源与市场信息也存在差异。在前面的分析中,中国企业如果开展逆技术梯度 OFDI,那么在高收入国家能够接触到先进的知识、高端的技术,获取互补性研发资源,同时也面对着技术实力较强的创新企业的竞争。中国企业如果开展顺技术梯度 OFDI,那么在低收入国家能够获得生产利润,获取互补性自然资源,也面临当地企业模仿技术的风险。两种 OFDI 都更有利于优化研发结构,提升资源配置效率与研发效率,激励企业增加研发投入。接下来,我们将尝试比较两种 OFDI 所带来的技术创新绩效的大小。为了增强两者的可比性,以及简化分析,我们假设低收入国家企业模仿的边际成本 $a_O = 1$,模仿强度 $\iota_O = 1$,消费者支出 $E = 1$,对外直接投资 $I_N = 1$。(3-26) 式、(3-34) 式依次调整为:

$$\frac{\partial \phi_M}{\partial I_N} = \frac{(\rho + \iota_H + \lambda a_M \iota_H^2)\phi_M}{\iota_H + \lambda a_M \iota_H^2} \tag{3-38}$$

$$\frac{\partial \phi_M}{\partial I_N} = \frac{(\rho + 1)\theta \iota_M \phi_M}{(\lambda \rho a_M + 1)(\lambda \theta \iota_M + \lambda + \theta \iota_M)} \tag{3-39}$$

(3-38) 式减去 (3-39) 式为两种 OFDI 对技术创新贡献的差异:Δ,可解得:Δ>0[①]。由此可以判断,逆技术梯度 OFDI 接触到的互补性研发资源更

---

① 推导过程详见附录 C。

多，可直接应用于技术研发的过程中，更有利于技术创新。顺技术梯度 OFDI 更多的是利润汇回，以及获取部分互补性生产资源，对技术创新的促进效应不及逆技术梯度 OFDI。基于以上数理推导和分析，我们提出理论命题3：

命题3：与顺技术梯度 OFDI 相比，逆技术梯度 OFDI 对企业技术创新的正向影响效应更大。

第二节 制度距离调节效应的理论分析

制度是企业一切经营活动必须遵守的规范，新制度理论侧重于强调经济组织运行的合法性（North，1990；黄凯南，2016），对经济主体具有激励和约束的作用。制度界定了个体的选择集，约束个体行为与个体之间的相互关系，具有保护产权、降低交易成本、减少环境中的不确定性、促进生产性活动的功能（North，1990；卢现祥，2003）。跨国企业面临母国与东道国的双重合规性压力，经营活动不仅要符合母国的法律规范，也须在东道国取得合法性（Xu et al.，2014；Cuervo-Cazurra，2018）。东道国正式制度在约束跨国企业行为的同时，也为其提供了必要的保护。东道国的正式制度质量越高，意味着制度环境建设越完善，知识产权保护力度越大。若向制度质量较高的国家（或地区）投资，则跨国企业的研发与经营活动得到当地正式制度的保护，同时也受到较多的制度约束（李晓敏和李春梅，2016）。东道国正式制度对跨国企业形成的激励与约束取决于母国与东道国的制度距离，相近的正式制度有利于降低跨国经营中的不确定性，进而降低交易成本，激励企业开展跨国研发与生产活动。因此，分析制度距离在中国 OFDI 与技术创新关系中的调节效应，比单纯探讨东道国制度质量的调节效应更具研究价值。本节将放松理论模型的基本假设条件，认为制度距离影响企业在东道国获取知识、技术、资源的效率，激励和约束跨国企业的生产与研发活动，并对资源、技术、信息等的传输产生影响，即对外直接投资是存在制度成本的。接下来，我们从研发成本和市场价值视角探究制度距离对 OFDI 与企业技术创新关系产生的调节效应，并区分正式制度距离与非正式制度距离。

一、正式制度距离的调节效应

母国与东道国的正式制度距离是激励和约束跨国投资行为的重要因素（陈怀超和范建红，2014）。OFDI 不可避免地面临外来者劣势，外部制度环境的差异与陌生经营环境引起的冲突。鉴于各国之间经济基础、法律法规、社会规章等方面的不同，母国与东道国在制度环境上存在差异。跨国企业在东道国的研发与生产承担着由合规性障碍、经营限制等引致的制度成本（Tang，2019）。若 OFDI 流向与母国制度差距较大的国家（或地区），企业则承担更多的外来者劣势、制度成本与投资风险（潘镇等，2008；Wu，2009；Xu et al.，2014），获取知识、资源、经验等的难度随之上升。若选择与母国制度差距较小的国家或地区投资，跨国企业则越容易在东道国获得合规性，降低海外投资与合作的风险与不确定性（Kostova and Zaheer，1999），减少生产、经营、管理等方面的限制，缩减适应正式制度差距的时间，降低因制度差异而产生的成本与外来者劣势，有利于更快地与东道国企业（或机构）建立研发合作关系。

情况 1：逆技术梯度 OFDI。

若开展逆技术梯度的直接投资，中国创新企业在高收入国家建立研发中心，在学习模仿高端技术的同时，与当地企业（或机构）进行合作研发，获得知识溢出，为国内企业的自主研发奠定基础。正式制度距离影响跨国企业在高收入国家学习和合作的效率，进而影响创新企业的边际研发成本。如果正式制度距离越大，跨国企业在高收入国家的技术学习和模仿受阻，与高技术企业（或机构）的合作研发也受限，那么中国企业进行创新的研发成本更高。为了更好地刻画正式制度距离的差异，假设中国与高收入东道国的正式制度距离为 $\eta(\eta>0)$，中国创新企业的边际研发成本调整为 $\eta a_M/I_N$。对应地，(3-23) 式调整为：

$$(\rho+\iota_H)\frac{\eta a_M}{I_N}=E\left(1-\frac{1}{\lambda}\right) \qquad (3-40)$$

（3-25）式调整为：

$$\left(\frac{\eta a_M}{I_N}+\frac{E}{\lambda\iota_H}\right)\phi_M=L_M \qquad (3-41)$$

由（3-22）式、（3-24）式、（3-40）式、（3-41）式，求解得：

$$\frac{\partial\phi_M}{\partial I_N}=\frac{[(\rho+\iota_H)EI_N+\lambda\eta a_M\iota_H^2]\phi_M}{\iota_H EI_N^2+\lambda\eta a_M\iota_H^2 I_N}>0 \qquad (3-42)$$

对（3-42）式关于 η 求偏导，可得：

$$\frac{\partial^2\phi_M}{\partial I_N\partial\eta}=-\frac{\lambda\rho a_M E\phi_M\iota_H^2 I_N^2}{\iota_H^2 I_N^2(\lambda\eta a_M\iota_H+EI_N)^2}<0 \qquad (3-43)$$

由（3-43）式可知，正式制度距离削弱了 OFDI 对中国企业创新率的提升效应。正式制度距离越大，跨国企业的学习合作效率越低，中国创新企业的边际研发成本越高，不利于加快自主研发进程。

情况 2：顺技术梯度 OFDI。

开展顺技术梯度的直接投资，中国企业转移生产至低收入国家。在开拓市场的同时，企业以低成本开展生产活动，获取高额的生产利润，并将利润转移至国内，用于母公司的生产与研发。正式制度距离影响跨国企业在东道国的生产经营活动以及利润转移的效率，进而对国内创新企业的市场价值产生影响。如果中国与东道国的正式制度距离越大，跨国企业生产、经营、管理和利润转移受到的影响和阻碍更大，那么创新企业的市场价值越低。假设中国与低收入东道国的正式制度距离为 η，在模型中，（3-15）式调整为：

$$v_M=\frac{\pi_M}{\rho+\eta} \qquad (3-44)$$

对应地，（3-29）式调整为：

$$(\rho+\eta)\frac{w_M a_M}{I_N}=E\left(1-\frac{w_M}{\lambda}\right) \qquad (3-45)$$

由（3-30）式~（3-33）式、（3-45）式，可解得：

$$\frac{\partial \phi_M}{\partial I_N} = \frac{(\rho+\iota_O)E^2\theta\iota_M\phi_M}{[\lambda(\rho+\eta)a_M+EI_N](\lambda\theta a_O\iota_O\iota_M+E\lambda\iota_O+E\theta\iota_M)\iota_O} > 0 \quad (3\text{-}46)$$

对（3-46）式关于 η 求偏导，可得：

$$\frac{\partial^2 \phi_M}{\partial I_N \partial \eta} = -\frac{(\rho+\iota_O)\lambda a_M E^2\theta\iota_M\phi_M}{[\lambda(\rho+\eta)a_M+EI_N]^2(\lambda\theta a_O\iota_O\iota_M+E\lambda\iota_O+E\theta\iota_M)\iota_O} < 0 \quad (3\text{-}47)$$

由（3-44）式和（3-47）式可知，正式制度距离越大，跨国企业通过转移生产为国内创新企业生产和研发所累积的利润越低，降低了创新企业的市场价值，减弱 OFDI 对企业创新率的提升效应。

综合情况 1 和情况 2 的数理推导和分析，我们认为正式制度距离越大，企业 OFDI 对技术创新的正向影响越弱。总的来说，我们提出理论命题 4：

命题 4：中国与东道国的正式制度距离削弱了 OFDI 对企业技术创新的积极影响。

二、非正式制度距离的调节效应

非正式制度不以法律、政策等形式存在，而是内嵌于一个国家或地区的社会系统中（潘镇等，2008），包括文化价值、习俗观念、语言、信仰、认知方式等（衣长军等，2018）。非正式制度属于意识形态领域，各国都有自身独特的价值观、风俗和信仰等，根植于社会历史发展脉络中。一般认为，非正式制度是连接母国与东道国的一种认同性纽带，能够增加东道国对跨国企业的认同感，降低沟通难度，减少部分协调与管理成本，克服部分外来者劣势（Morris and Jain，2013）。但是，这种效应一般发生在东道国正式制度激励与约束功能缺失的情况下，或者在对外直接投资初期。随着不断的海外扩张，投资于同一东道国的中国跨国企业之间的联络，几乎可以取代这种意识形态上的认同。毕竟，企业经营不同于人际交往，更注重经济利益。这种由地缘、语言、文化、认知等构成的非正式制度距离，意味着自然资源、知识结构、发展模式、创新路径等方面的差异。如果非正式制度距离较小，相似资源禀赋、发展理念、知识体系等难以碰撞出别样的火花，那么跨国企业获取的互补性资源较少。如果非正式制度距离较大，那么中国跨国企业可以接触到多元化知识、创新路径、互补性的自然资源等，有利于中国创新企业弥补发展缺陷、健全管理结构以及完善知识架构。

情况1：逆技术梯度OFDI。

当开展逆技术梯度的直接投资时，中国跨国企业在高收入国家学习先进知识、创新模式等，为母公司提供互补性的研发资源，克服自主创新的瓶颈问题。非正式制度距离通过影响跨国企业在高收入国家获取互补研发资源的多寡，进而影响中国创新企业的边际研发成本。若正式制度距离较大，则跨国企业在高收入国家能够获取的研发资源更多，进而减少单位研发成本。为了更好地呈现非正式制度距离的调节效应，假设中国与高收入国家的非正式制度距离为$K(K>0)$，中国创新企业单位研发强度所需的劳动（或资源）调整为$a_M/(KI_N)$。对应地，（3-23）式调整为：

$$(\rho+\iota_H)\frac{a_M}{KI_N}=E\left(1-\frac{1}{\lambda}\right) \quad (3-48)$$

（3-25）式调整为：

$$\left(\frac{a_M}{KI_N}+\frac{E}{\lambda\iota_H}\right)\phi_M=L_M \quad (3-49)$$

由（3-22）式、（3-24）式、（3-48）式、（3-49）式，求解得：

$$\frac{\partial\phi_M}{\partial I_N}=\frac{[(\rho+\iota_H)EI_NK+\lambda a_M\iota_H^2]\phi_M}{\iota_H I_N(\lambda a_M\iota_H+EI_NK)}>0 \quad (3-50)$$

对（3-50）式关于K求偏导，可得：

$$\frac{\partial^2\phi_M}{\partial I_N\partial K}=\frac{\lambda\rho a_M E\phi_M}{(\lambda a_M\iota_H+EI_NK)^2}>0 \quad (3-51)$$

由（3-51）式可知，当非正式制度距离越大时，跨国企业在高收入国家接触到多元的知识结构与创新理念，获取更多的互补性研发资源，在多元知识的融合发展中，加速了OFDI对技术创新能力的提升。

情况2：顺技术梯度OFDI。

当开展顺技术梯度的直接投资时，中国跨国企业在开拓市场的同时，也积极获取自然资源,积累企业经营、发展与创新的经验与教训,为母国企业提供互补性自然资源,以优化资源配置。非正式制度距离影响跨国企业在低收入国家获取自然资源和累积发展经验的难易程度,进而影响企业的市场价值。如果非正式制度距离较大,中国与东道国之间的地缘与文化差异较大,东道国拥有不同的自然资源禀赋和企业发展模式,那么跨国企业获取的互补性自然资源更多,创新企业的资源配置效率更高,市场价值越大。假设中国与低收入东道国的非正式制度距离为 K,在模型中,(3-15)式调整为:

$$v_M = \frac{\pi_M}{\rho - K} \tag{3-52}$$

对应地,(3-29)式调整为:

$$(\rho - K)\frac{w_M a_M}{I_N} = E\left(1 - \frac{w_M}{\lambda}\right) \tag{3-53}$$

由(3-30)式~(3-33)式、(3-53)式,可解得:

$$\frac{\partial \phi_M}{\partial I_N} = \frac{(\rho + \iota_O) E^2 \theta \iota_M \phi_M}{[\lambda(\rho - K) a_M + EI_N](\lambda \theta a_O \iota_O \iota_M + E\lambda \iota_O + E\theta \iota_M) \iota_O} > 0 \tag{3-54}$$

对(3-54)式关于 K 求偏导,可得:

$$\frac{\partial \phi_M / \partial I_N}{\partial K} = \frac{(\rho + \iota_O) \lambda a_M E^2 \iota_M \phi_M}{[\lambda(\rho - K) a_M + EI_N]^2 (\lambda \theta a_O \iota_O \iota_M + E\lambda \iota_O + E\theta \iota_M) \iota_O} > 0 \tag{3-55}$$

由(3-52)式和(3-55)式可知,当非正式制度距离较大时,跨国企业在低收入国家接触到不同的企业发展模式,获取更多的互补性自然资源,提升了国内企业的资源配置效率,加强了OFDI对企业技术创新的促进作用。

综合以上情况1和情况2的数理推导和分析,我们认为,非正式制度距离越大,OFDI对企业技术创新的正向影响越大。总的来说,我们提出理论命题5:

命题5:中国与东道国的非正式制度距离加强了OFDI对企业技术创新的促进作用。

第三节 母国制度环境门槛效应的理论分析

当企业以 OFDI 的方式进入国际市场，陌生的、复杂的国际市场环境能够激励企业加大技术研发投入，降低因市场环境差异而引致的额外成本，提升国际竞争力。在国际市场中，跨国企业技术研发的方式有两种：一是"研发学习"。在接近技术研发源头的区域，跨国企业一方面建立研发中心，或者直接雇佣当地熟练的技术工人，或者对成熟产品进行逆向设计（Yang et al.，2013；Anderson and Sutherland，2015）；另一方面，跨国企业积极地观察竞争者的研发动态，主动模仿和学习先进的技术与成熟的知识体系，并将其转移到自身的运营中（Piperopoulos et al.，2018）。二是"研发合作"。随着经济全球化的发展，跨国企业与东道国企业呈现竞争与合作并存的关系。在合作中，跨国企业既可以实现研发成本的分摊，又能获取东道国政府的政策支持，进而加快研发进程，提高技术水平。而后，通过企业内部互动，如劳动力流动、经验分享、研发成果反馈等，实现跨国企业到母国企业的转移（Zhou et al.，2019）。

类似于外商直接投资以"竞争效应"和"示范效应"将先进技术在东道国的扩散路径（Iwasaki and Tokunaga，2016），承接 OFDI 的母国企业将先进技术引入国内市场后，也通过这两种效应实现行业内和行业间的技术转移与扩散[①]。其一，行业内的技术扩散。同行业企业之间具有较强的竞争关系，技术扩散以"竞争效应"为主、"示范效应"为辅。其中，"竞争效应"是指同行业企业面对跨国企业的竞争压力，为了维持市场份额，不断增加研发投入（李磊等，2018）。"示范效应"是指同行业的企业可以直接观察、学习和模仿跨国企业先进技术与管理经验，降低自主研发成本（Dasgupta，2012）。

---

① 在行业内有竞争关系的企业间，"竞争效应"和"示范效应"共同发挥作用；在行业间垂直的供应商企业中，以"示范效应"为主。

随着行业规模不断地扩大，OFDI 有利于提高专业化协作水平，激励整个行业进一步提升技术效率（Bertrand and Capron, 2015）。其二，行业间的技术转移。跨国企业与其供应商和客户间的技术转移由"示范效应"主导。一方面，跨国企业需要更持续、更有效的中间投入，有意愿对供应商进行技术与管理培训，驱动先进技术在上游供应链上的扩散（Liang, 2017）。另一方面，跨国企业为客户提供高效、先进的产品与设备，促成了一个技术更先进的下游行业（Newman et al., 2015）。由此，OFDI 引致的技术创新在行业间转移，逐步提升整个国家的技术水平（Piperopoulos et al., 2018）。此外，OFDI 还可以转移边缘技术与过剩产能，开拓产品销售市场，提升资源配置效率，进而促进母国技术创新。

除上述正向的影响机制外，还存在负向的影响机制。主要包括：OFDI 将部分资本与生产活动转移至国际市场，国内市场面临资源的重新分配，可能影响到国内投资（Al-Sadig, 2013）。OFDI 面临不同技术的融合问题和外来者劣势，产生新的组织成本、协调成本和制度成本（Cheng and Yang, 2017; Yang et al., 2017; Tang, 2019），以及一系列的不确定性（Wang et al., 2013）。

营商环境从制度环境和制度安排对一个国家的交易成本产生系统性的影响，进而影响新技术的使用与扩散，便利的营商环境也成为一个国家重要的竞争力（黄凯南和乔元波，2018）。当前有关营商环境与 OFDI 研究集中在区位选择上（Stoian and Mohr, 2016），很少从营商环境视角去考察 OFDI 与技术创新的关联，上述问题还有待深入研究。本节尝试推动该领域的研究，在现有 OFDI 与母国技术创新关系相关研究的基础上，基于上面的局部均衡分析模型的基本思路，仅仅考虑创新部门，尝试构建了一个简单的企业利润最大化理论模型。模型从母国营商环境的视角提供了一个新的解释，厘清了 OFDI 与母国技术创新之间的非线性关系，分析了投资主体的异质性影响。

一、门槛效应：一个简化的理论模型

假设企业通过改进技术来获得更多的利润，企业选择改进技术的幅度为

$\varphi(\varphi>0)$，技术改进成功的概率为 $\beta[\beta\in(0,1)$ 为常数]，若企业成功改进技术，则单位技术改进幅度的预期收益为 v，假设预期收益由国内外投资决定，母国收入水平和人口结构对国内投资的贡献具有加成效应。简化起见，对外直接投资对预期收益的贡献不受母国收入水平和人口结构的影响，但受到母国营商环境的制约。具体而言，这里假设：

$$v=\delta_M y_M l_M I_M+(e_M-\delta_N)I_N \tag{3-56}$$

其中，δ_M 和 δ_N 为常数（$\delta_M>0$，$\delta_N>0$）；y_M 和 l_M 分别为母国的收入水平和人口结构；I_M 为国内投资，包括国内资本与流入国内的资本（外商直接投资），简化起见，假设国内投资对预期收益的贡献不受营商环境的影响；I_N 为对外直接投资；e_M 表示母国营商环境，营商环境越便利，技术改进的预期收益越高。主要基于以下几点考虑。

其一，母国营商环境影响企业 OFDI 动机类型。制度逃离理论指出，在制度约束较强的国家和地区，企业选择 OFDI 更多的是为了规避本国制度约束（Luo et al.，2010）。在营商便利度较低的国家，企业面临的制度约束较强，OFDI 主要是为了寻找更为便利的发展环境，规避制度约束（Cuervo-Cazurra et al.，2014）。这种"制度逃离"型 OFDI 难以在国际市场中充分利用自身的竞争优势（李新春和肖宵，2017），对母国技术创新的贡献十分有限。与上述"制度逃离"不同，在营商便利度较高的国家或地区，企业立足本土发展的需要，主动寻求对外直接投资，获取战略性资源以实现转型发展，或者借助海外市场消化过剩产能，在国际市场中积极寻求合作机会，逐渐克服路径依赖问题，实现母国企业内部知识重组。

其二，母国营商环境对跨国企业的技术研发活动产生系统影响。制度是一种博弈规则，是企业在一切经营活动中都必须遵守的规则与规范，包括正式制度与非正式制度（North，1990；黄凯南，2016）。在国际市场中，以获取先进知识与技术为目的的跨国企业一般选择逆技术梯度的 OFDI，而任何跨国企业的经营活动都需符合当地的正式或非正式的制度（Stoian，2013）。若母国的营商便利度很低，则跨国企业经营管理在高技术水平的东道国很难符合当地的规章与标准，可能无法获得更多的资金来源，与东道国利益相关者（尤其是供应商、客户、政府与监管部门）的合作也受限（Li and Wu, 2017; Zhou et al., 2019）。

此外，母国营商环境影响先进技术的转移和扩散。营商便利度较高的国家或地区，具备有效的研发激励机制（马忠新，2021）和良好的技术研发环境，不仅鼓励跨国企业将新产品与先进技术转移至国内（Li et al., 2016），而且推动先进技术向上下游行业扩散，还有利于激励全行业企业逐渐由模仿学习向自主研发转变。反之，若母国营商环境较差，跨国企业由于担心技术产权会流失，而不愿意将先进技术转移至母国（Chen et al., 2014），导致 OFDI 引致的技术创新在母国的扩散受阻。

由此，当母国营商环境较便利时，$e_M - \delta_N > 0$，对外直接投资对技术改进成功的预期收益具有正向影响；反之，$e_M - \delta_N < 0$，较差的母国营商环境引致的 OFDI，对预期收益产生负面影响。

企业改进技术需要付出的成本为 c，简化起见，成本仅由国内外投资和技术改进幅度决定，且技术改进幅度的边际成本是递增的。具体假设：

$$c = \frac{1}{2}(k_M I_M + k_N I_N)\varphi^2 \tag{3-57}$$

其中，k_M 和 k_N 为常数（$k_M > 0$, $k_N > 0$）。因此，企业追求利润最大化的目标函数为：

$$\max_{\varphi} \pi = [\delta_M y_M l_M I_M + (e_M - \delta_N) I_N]\beta\varphi - \frac{1}{2}(k_M I_M + k_N I_N)\varphi^2 \tag{3-58}$$

由一阶条件解得：

$$\varphi = \frac{\delta_M \beta y_M l_M I_M + (e_M - \delta_N)\beta I_N}{k_M I_M + k_N I_N} \tag{3-59}$$

(3-59) 式表明技术改进幅度受国内外投资、母国收入水平、人口结构、营商环境等的影响。对 (3-59) 式关于 I_N 求偏导，可得：

$$\frac{\partial \varphi}{\partial I_N} = \frac{(k_M e_M - k_M \delta_N - k_N \delta_M y_M l_M)\beta I_M}{(k_M I_M + k_N I_N)^2} \tag{3-60}$$

(3-60) 式表示对外直接投资对母国技术创新的影响。令 $\partial\varphi/\partial I_N=0$，得到营商环境的临界值：

$$e_M^* = \delta_N + (k_N/k_M)\delta_M y_M l_M \qquad (3-61)$$

当 $e_M < e_M^*$，则 $\partial\varphi/\partial I_N < 0$，OFDI 对母国技术创新产生消极影响；当 $e_M > e_M^*$，则 $\partial\varphi/\partial I_N > 0$，OFDI 对母国技术创新产生积极影响。因此，受母国营商环境影响，OFDI 与母国技术创新之间存在一种非线性关系。基于以上理论推导，我们提出命题6：

命题6：在母国营商环境的影响下，OFDI 与母国技术创新具有非线性关系。若母国营商环境较差，则 OFDI 阻碍母国技术创新；若母国营商环境较便利，则 OFDI 促进母国技术创新。

二、投资主体的异质性

传统观点认为，新兴国家 OFDI 主要是为了获取高端技术、知识、管理经验等，并与自身的生产经营相结合，提升技术研发能力（Cuervo-Cazurra et al., 2014）。与之不同，发达国家是先进技术的领导者，占据全球价值链的顶端，OFDI 主要转移劳动密集型行业，降低生产成本，以集中资金、技术、资源等开发新技术。然而，随着新兴国家的经济发展与大规模 OFDI，全球分工格局开始改变，新兴国家 OFDI 的目的并不完全是学习先进知识与技术，也在积极寻求合作机遇，获取战略性资源，提升国际竞争力（Benito, 2015）。发达国家 OFDI 除了转移低附加值行业，也在与新兴国家的合作中获取创新动力（Contractor et al., 2016；Kumar et al., 2019）。因此，在相互竞争又相互合作的国际市场中，一方面，发达国家凭借雄厚的技术基础和全球价值链位置，对先进技术的创造、整合与吸收能力均优于新兴国家，技术改进成功的预期收益更多；另一方面，新兴国家的技术寻求动机更强，对外直接投资对技术改进的贡献更多，预期收益也更高。基于以上分析，（3-56）式调整为：

$$v = (\delta_M + \sigma) y_M l_M I_M + (e_M - \delta_N + \gamma) I_N \qquad (3-62)$$

其中，σ 表示发达国家和新兴国家的技术基础和吸收能力。若投资主体为发达国家时，则 $\sigma>0$；若投资主体为新兴国家，则 $\sigma<0$。γ 表示发达国家和新兴国家 OFDI 动机，若投资主体为发达国家，则 $\gamma<0$；若投资主体为新兴国家，则 $\gamma>0$。

由企业利润最大目标函数的一阶条件，(3-59) 式调整为：

$$\varphi = \frac{(\delta_M+\sigma)\beta y_M l_M I_M + (e_M-\delta_N+\gamma)\beta I_N}{k_M I_M + k_N I_N} \quad (3-63)$$

由 OFDI 对技术改进幅度的影响，(3-60) 式调整为：

$$\frac{\partial \varphi}{\partial I_N} = \frac{(k_M e_M + k_M \gamma - k_M \delta_N - k_N \delta_M y_M l_M - k_N \sigma y_M l_M)\beta I_M}{(k_M I_M + k_N I_N)^2} \quad (3-64)$$

营商环境的临界值 (3-61) 式调整为：

$$e_M^* = \delta_N - \gamma + (k_N/k_M)(\delta_M+\sigma)y_M l_M \quad (3-65)$$

对比 (3-60) 式和 (3-64) 式，对外直接投资的技术创新效应受到 σ 和 γ 的影响；若投资主体为发达国家，即 $\sigma>0$，$\gamma<0$，则 $\partial\varphi/\partial I_N$ 变小；若投资主体为新兴国家，即 $\sigma<0$，$\gamma>0$，则 $\partial\varphi/\partial I_N$ 变大。对比 (3-61) 式和 (3-65) 式，营商环境的临界值（e_M^*）因 σ 和 γ 的大小而不同，当投资主体为发达国家时，e_M^* 更高。鉴于以上推导，发达国家和新兴国家在发展水平、技术基础、吸收能力、OFDI 动机等方面存在差异，OFDI 对母国技术创新的影响也不尽一致。我们提出理论命题 7：

命题 7：受母国营商环境的影响，OFDI 对母国技术创新的影响存在国家异质性，发达国家 OFDI 促进母国技术创新的营商环境临界值更高，新兴国家 OFDI 对技术创新的正向影响更大。

第四节　小　　结

创新是实现经济结构转型和跨越式发展的重要基石，本章在已有理论模

第三章 对外直接投资、制度环境与技术创新的理论分析

型的基础上，将对外直接投资外生化，构建一个基于中国企业创新的局部均衡模型，重点分析了中国企业对外直接投资对技术创新的影响，以及制度距离的调节效应。而后，将模型简化，从创新部门阐释母国制度环境对 OFDI 与技术创新关系的影响。得到如下基本结论。

第一，OFDI 能够促进企业技术创新，且逆技术梯度 OFDI 对技术创新的正向影响效应更强。逆技术梯度 OFDI 主要在高收入国家建立研发中心，与东道国本土创新企业（或机构）建立合作关系，凭借知识技术溢出，获得战略性资源，弥补中国创新企业的诸多瓶颈，进而促进技术创新。顺技术梯度 OFDI 企业将生产转移至低收入国家，以降低生产成本，优化资源配置效率。同时，低收入国家模仿跨国企业的先进技术，产生竞争效应，迫使中国创新企业进一步加快产品质量改进步伐。由（3-26）式、（3-34）式可知，OFDI 具有驱动企业技术创新的积极影响，在对两式的比较中发现，逆技术梯度 OFDI 对企业技术创新的促进效应更大。

第二，OFDI 对企业技术创新的正向影响呈边际递减趋势。经过具体分析，OFDI 影响企业技术创新的函数为凹函数，两者并非简单的线性关系。在 OFDI 初期，加快海外投资步伐可以保障模仿学习、经验累积、获得互补性资源的连续性，持续提供新知识与新资源，为自主创新注入动力。然而，当 OFDI 速度达到一定程度后，在复杂的海外投资网络中，跨国企业面临整合、协调、一系列不确定性而引致的组织成本，差异化环境而产生的制度成本，以及诸多重复性成本。一旦跨国企业对外投资的动机超过了海外扩张的能力，OFDI 速度带来边际成本的增长高于边际收益，对技术创新的边际正向影响递减。

第三，母国与东道国的制度距离对 OFDI 的企业技术创新效应具有调节效应。总体上，正式制度距离削弱了 OFDI 对企业技术创新的正向影响，而非正式制度距离则加强了这种正向影响。具体地，投资于正式制度距离较大的地区，跨国企业在东道国模仿学习与研发合作的效率降低，转移生产为研发所累积的利润减少，不利于边际研发成本的降低与市场价值的增加，进而

· 73 ·

削弱 OFDI 对企业技术创新的提升效应。投资于非正式制度距离越大的地区，跨国企业在东道国接触到多元的知识结构与不同的企业发展模式，有利于优化资源配置，降低边际研发成本，提升企业的市场价值，进而加强了 OFDI 对企业技术创新的促进作用。

第四，在母国制度环境的影响下，OFDI 对母国技术创新具有非线性影响，且这种非线性影响存在投资主体、投资区位和投资模式的异质性。母国营商环境通过影响企业 OFDI 的动机、国际市场中的生产与研发活动以及先进技术在母国的转移和扩散，进而影响 OFDI 与母国技术创新的关联。当母国营商环境达到一定的临界值时，OFDI 促进母国技术创新；反之，OFDI 阻碍母国技术创新。鉴于发达国家和新兴国家在技术能力、全球价值链的位置、投资动机等方面的不同，在母国营商环境的影响下，两者 OFDI 对母国技术创新的影响存在差异。发达国家 OFDI 促进母国技术创新的营商环境临界值比新兴国家更高，而新兴国家 OFDI 对母国技术创新的正向影响效应更大。

第四章 对外直接投资与企业技术创新：基于双重差分的检验

2021年，中国在创新投入和创新产出上的增长势头强劲，全球创新指数排名位列中等收入国家之首。同时，中国是世界上最大的新兴市场，近几年对外直接投资规模稳居全球前三位，在国际市场占据相当重要的位置。此外，中国政府一直在积极推动企业对外直接投资，从企业"走出去"到"一带一路"倡议，中国企业涉足的东道国范围与拥有的海外子公司数量日渐庞大。基于以上优势，立足于第三章的理论分析与研究命题，本章选取中国A股上市公司为研究对象，依据企业是不是跨国企业以及对外直接投资的时间构建多期双重差分（DID）计量模型，检验中国企业OFDI对技术创新的影响。

第一节 模型设定与变量描述

一、样本与数据来源

关于使用微观企业数据来研究对外直接投资相关问题的文献中，一些学者使用统计局发布的中国工业企业数据库与商务部发布的《对外投资企业（机构）名录》匹配后的数据进行实证研究（毛其淋和许家云，2014；李磊等，2016；赵勇和初晓，2021）。考虑到中国工业企业数据库的数据相对滞后，以及匹配数据过程造成的样本量损失和相对误差等局限性，我们借鉴谷克鉴等（2020）、董有德和陈蓓（2021）、綦建红和张志彤（2021）等的研究，采用国泰安（CSMAR）海外直接投资数据库，通过海外关联公司的具体信息来识别上市公司的对外直接投资情况（刘莉亚等，2015）。

本章选取的样本为2003~2019年中国A股上市公司的面板数据，企业对外直接投资及相关财务数据取自国泰安（CSMAR）数据库，专利数量数据取自中国研究数据服务平台（CNRDS），行业信息参照《上市公司行业分类指引》（2012年修订），省级层面数据取自2003~2019年《中国统计年鉴》。参考宗芳宇等（2012）、李雪松等（2017）、谢红军和吕雪（2022）等的研究，本章对数据进行如下处理：（1）剔除了投资于避税天堂和被ST或*ST的企业样本；（2）剔除了资不抵债、关键变量缺失以及存在异常的企业样本；（3）将受价格趋势影响的变量折算成2003年的不变价格；（4）对所有连续变量上下1%的极端值部分进行缩尾处理。

二、模型构建

本章将跨国企业设定为实验组，将非跨国企业设定为对照组，由于不同企业选择对外投资的时间不同，我们构建了如下的多期双重差分（DID）计量模型：

$$Inn_{i,t}=\beta_0+\beta_1 Treat\_Post_{i,t}+\gamma' X_{i,t}+v_i+\tau_t+\lambda_j+\varepsilon_{i,t} \quad (4-1)$$

其中，$Inn_{i,t}$表示t时期企业i的技术创新；$Treat\_Post_{i,t}$表示对外直接投资，为跨国企业虚拟变量（$Treat_i$）和跨国投资时间虚拟变量（$Post_t$）的交互项；$X_{i,t}$表示一系列控制变量，即可能影响企业技术创新的其他因素，包括企业层面、省级层面等的诸多因素；v_i表示企业固定效应，用来控制不随时间（年份）变化但随企业变化的因素；τ_t表示年份固定效应，用来剔除在特定时间（年份）对所有企业产生影响的宏观经济与政策波动的因素等；λ_j表示行业固定效应，用来控制不随时间（年份）变化但随行业变化的因素；$\varepsilon_{i,t}$为随机误差项。

三、变量描述

被解释变量为技术创新（*Inn*），采用的企业每年发明专利申请数量（单位：件）取对数①来衡量。专利申请包括发明专利、外观设计专利和实用新型专利，其中发明专利最能体现科技创新水平，表现企业的核心技术创新能力（唐松等，2020），因而本章用发明专利申请数量作为衡量技术创新的主要指标。在稳健性检验中，采用专利申请总量（单位：件）取对数以及外观设计和实用新型申请量的总和（单位：件）取对数来衡量（Piperopoulos et al.，2018；诸竹君等，2020；何欢浪等，2021）。

核心解释变量：对外直接投资（*Treat_Post*），由跨国企业虚拟变量和对外投资时间虚拟变量的交互项构成，该变量的系数反映了企业对外直接投资对创新绩效的影响。其中，*Treat* 表示是否为跨国企业的虚拟变量，若企业在样本区间内拥有海外子公司则赋值为 1，否则为 0；*Post* 表示对外投资时间的虚拟变量，企业首次对外直接投资之后的年度（包括当年）赋值为 1，反之赋值为 0。

在控制变量上，借鉴已有研究（毛其淋和许家云，2014；Huang and zhang，2017；Piperopoulos et al.，2018；王桂军和卢潇潇，2019；何欢浪等，2021；逯苗苗和宿玉海，2021）的做法，依据影响企业技术创新的主要因素，主要控制了企业层面和省份层面的变量。首先，企业层面的控制变量主要包括：（1）企业年龄（*Age*），用企业成立以来的年数来衡量（单位：年）；（2）净资产收益率（*Roe*），为企业净利润与股东权益余额的比值；（3）资本结构（*Lev*），用企业每年资产负债率（负债总额与资产总额的比值）来表示；（4）所得税率（*Tax*），用企业每年所得税费用与税前利润总额的比值来衡量；（5）股权集中度（*Right*），用企业每年前十名股东持股比例之和来表示；（6）资本强度（*Capt*），用企业每年的总资产（单位：亿元）与员工人

---

① 这里的"取对数"为发明专利申请数量加 1 后取自然对数，后面所有对变量"取对数"的处理方法均同理。

数的比值来衡量；(7) 政府补贴 (*Govsu*)，用企业每年的政府补贴占总资产的比例来表示；(8) 劳动生产率 (*Labor*)，为企业每年主营业务收入（单位：亿元）与员工人数的比值来表示。

其次，省级层面的控制变量主要包括：(1) 经济发展水平 (L*ngdp*)，用各省 GDP 总量（单位：亿元）取对数来表示；(2) 外商直接投资 (L*nfdi*)，用各省外商直接投资总额（单位：百万美元）取对数来表示。此外，控制了企业、年度和行业层面的固定效应。以上所有变量的统计性描述如表 4-1 所示，同时也检验了多重共线性和各变量的方差膨胀因子 (VIF)，所有的 VIF 都远低于 10，故不存在严重的多重共线性。

表 4-1　　　　　　　　主要变量的统计性描述

变量	样本量	均值	标准差	最小值	最大值
技术创新	25345	0.7830	1.1875	0	4.9767
对外直接投资	25345	0.5416	0.4983	0	1
企业年龄	25345	14.9869	5.9928	3	30
净资产收益率	25345	0.0617	0.1348	-0.7829	0.3169
资本结构	25345	0.4526	0.2092	0.0536	0.9252
所得税率	25345	0.1295	0.1701	-0.5982	0.8010
股权集中度	25345	59.0346	15.5616	22.2900	92.0200
资本强度	25345	0.0325	0.0706	0.0019	0.5083
政府补贴	25345	0.0017	0.0038	0	0.0230
劳动生产率	25345	0.0126	0.0209	0.0010	0.1507
经济发展水平	25345	9.8742	0.8271	7.3453	11.1582
外商直接投资	25345	11.8110	1.3612	7.8438	14.0822

第二节　基准回归结果

在第三章的理论分析中，中国企业或向高收入国家开展逆梯度的直接投资，或向低收入国家开展顺梯度的直接投资，两者分别将研发与生产转移至国际市场，通过国际研发合作、低成本生产、获取互补性研发与生产资源，激励企业增加研发投入，优化企业生产和研发资源配置，提升研发效率，进而促进企业技术创新。

表4-2汇报了企业对外直接投资影响创新绩效的基准回归结果，为了增强估计结果的稳健性，本章采用逐步加入控制变量、企业固定效应、年份固定效应和行业固定效应的方式汇报估计结果，第（1）~第（5）列中对外直接投资的系数均在1%的显著性水平上为正，表明中国企业对外直接投资对技术创新具有统计意义上的显著的正向影响。接下来，我们以第（5）列为基准进行具体分析，在样本范围内，在其他变量不变的前提下，相对于非跨国企业而言，跨国企业选择对外直接投资，其发明专利申请数量将大约增加10.80%。这就论证了理论命题1的真实性，即对外直接投资有利于促进企业技术创新。因此，支持、鼓励和引导企业"走出去"有利于中国在自主创新上实现更多的突破。

表4-2　　　对外直接投资影响技术创新的基准回归结果

变量	（1）	（2）	（3）	（4）	（5）
对外直接投资	0.3446 *** (0.0275)	0.1520 *** (0.0261)	0.1042 *** (0.0284)	0.1105 *** (0.0287)	0.1080 *** (0.0287)
企业年龄		−0.0036 (0.0028)	−0.0099 (0.0091)	−0.0234 (0.0484)	−0.0203 (0.0482)
净资产收益率		0.0618 (0.0444)	0.0265 (0.0449)	0.0350 (0.0451)	0.0590 (0.0448)
资本结构		0.0659 (0.0570)	0.1062 * (0.0624)	0.1172 * (0.0623)	0.1368 ** (0.0626)
所得税率		−0.0396 (0.0276)	−0.0256 (0.0279)	−0.0244 (0.0279)	−0.0256 (0.0275)

续表

变量	(1)	(2)	(3)	(4)	(5)
股权集中度		-0.0029*** (0.0008)	-0.0038*** (0.0009)	-0.0041*** (0.0009)	-0.0033*** (0.0009)
资本强度		-0.3265 (0.2110)	-0.2322 (0.2141)	-0.2795 (0.2091)	-0.0479 (0.2118)
政府补贴		7.3860*** (1.8676)	4.7166** (1.8689)	5.9655*** (1.8741)	5.6470*** (1.8761)
劳动生产率		-0.8471 (0.5600)	-0.4864 (0.5844)	-0.1372 (0.5804)	-0.3638 (0.5780)
经济发展水平		0.4883*** (0.0349)	0.5534*** (0.0790)	0.1762* (0.0990)	0.1924** (0.0981)
外商直接投资		-0.1258*** (0.0210)	-0.1016*** (0.0358)	0.0296 (0.0400)	0.0203 (0.0394)
常数	0.6598*** (0.0210)	-2.3977*** (0.2083)	-3.2066*** (0.8477)	-1.1937 (1.0135)	-1.2008 (1.0022)
企业固定效应	否	否	是	是	是
年份固定效应	否	否	否	是	是
行业固定效应	否	否	否	否	是
观测值	25345	25345	25345	25345	25345
R^2	0.0241	0.0639	0.0649	0.0773	0.0910

注：***、**、*分别表示1%、5%、10%的显著性水平，括号内的数值表示企业层面的聚类稳健标准误。

第三节 稳健性检验与内生性讨论

一、平行趋势与安慰剂检验

进行双重差分回归需满足事前平行，即实验组和对照组的事前没有显著差异。为了提高 DID 回归结果的可信度,我们进行了平行趋势检验,以样本区间第一年为基准期,设置了对外直接投资前后各个年度的虚拟变量,即依据年份与企业初次对外投资年份的差值,生成对外投资前后期数。由于样本年份跨度较长,我们将对外投资前后超过 10 期的样本与第 10 期合并,如(4-2)式所示。估计结果如图 4-1 所示,0 期之前的系数多接近于 0,且不显著,表明平行趋势检验通过,满足在对外直接投资之前实验组和对照组具有相同趋势的假设。在 0 期之后,实验组的系数呈现较明显的上升趋势,进一步验证了基准回归结果的真实性。

$$Inn_{i,t} = \beta_0 + \alpha \sum_{k=-9}^{k=10} Treat\_Post_{i,t} + \gamma' X_{i,t} + v_i + \tau_t + \lambda_j + \varepsilon_{i,t} \quad (4-2)$$

其中,k 表示企业 OFDI 的期数,$k=0$ 表示企业首次 OFDI 的年份;其他变量与(4-1)式相同。

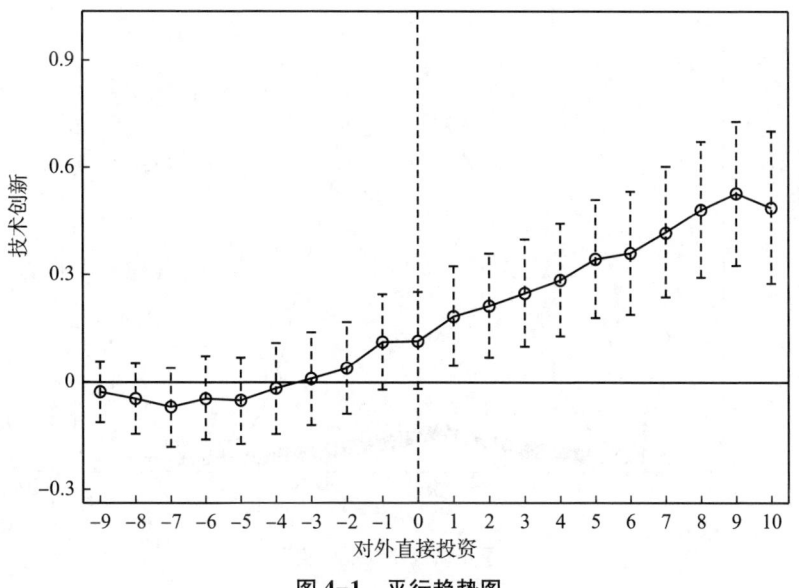

图 4-1 平行趋势图

企业创新绩效除了受到对外直接投资与相关因素(基准回归已控制的变

量)的影响外,还可能受不可观测因素驱动或遗漏变量的影响(卢盛峰等,2021)。本节进一步排除了基准回归结果是一种随机性结论的可能,参考既有研究(Cai et al., 2016;任胜钢等, 2019)的做法,我们通过随机分配实验组和政策时点进行安慰剂检验。具体而言:在设置系数、标准差和P值矩阵的基础上,首先,随机生成实验组和对外直接投资时间的虚拟变量;其次,构造两个虚拟变量的交互项($Treat \times Post2$),重新进行多期DID估计,为系数、标准差和P值矩阵赋值;最后,重复进行上述两步骤500次,依据得到的矩阵绘制系数与P值的分布图。安慰剂检验结果如图4-2所示,所有的估计系数都在0附近,均值几乎为0;且显著性水平几乎都大于0.1,回归系数并不显著。这就表明,以上随机抽样而构建的解释变量($Treat \times Post2$)对企业创新绩效的影响并不显著,也就是说,基准回归结果不太可能由不可观测的因素驱动。

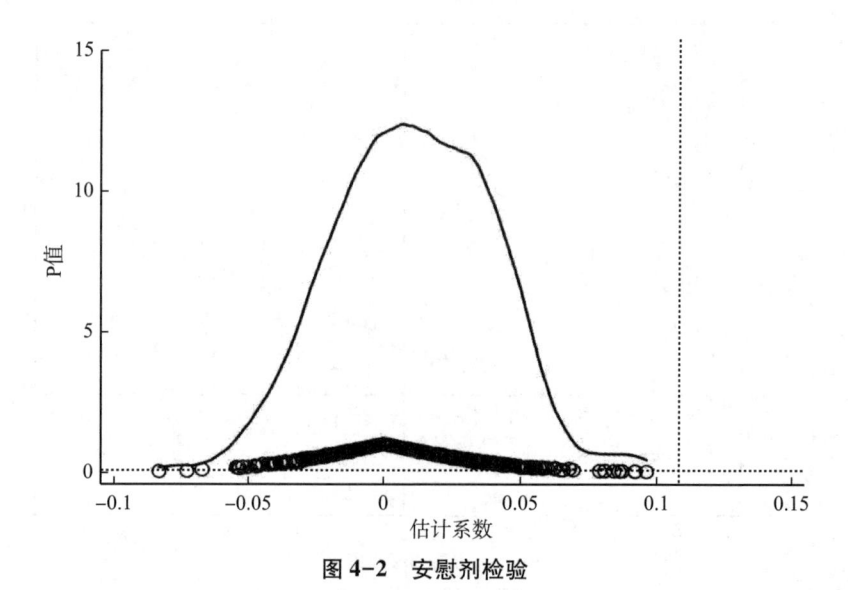

图 4-2 安慰剂检验

注:①X轴为随机生成实验组和对外直接投资时间虚拟变量的交互项($Treat \times Post2$)估计系数,图中空心圆为估计系数的分布;②曲线表示估计的核密度分布,点是相关的P值,水平线表示P=0.1;③垂直线表示基准回归(表4-2第(5)列)中对外直接投资的估计系数(0.1080)。

二、PSM-DID 与 2SLS 估计

为避免选择性偏误而导致估计结果的偏差，本章依据企业经营管理的基本特征，采用逐期 PSM 方法。我们按照一对一有放回的邻匹配方式逐年匹配跨国企业与非跨国企业，采用 Logit 回归来估计倾向得分值，协变量（匹配变量）包括企业年龄、净资产收益率、资本结构、所得税率、股权集中度、资本强度、政府补贴、劳动生产率 8 个可观测变量，剔除未匹配的样本后，再次进行多期 DID 估计。估计结果如表 4-3 的第（1）列所示，估计系数在 1% 的显著性水平上为正，系数值为 0.1717，高于基准回归的系数值（0.1080）。逐期 PSM-DID 回归结果进一步证实了基准回归结果的稳健性，且企业对外直接投资对技术创新的促进效应更优。

企业是否选择对外直接投资可能是非随机的，可能存在一些潜在的因素影响企业海外投资决策，为了排除此类因素的影响，进一步解决内生性问题，本章参考已有研究（Tsoutsoura，2015）的做法，寻找合适的工具变量，进行两阶段最小二乘（2SLS）估计。工具变量需满足相关性和外生性，一个合适的工具变量（IV）既要与企业对外投资决策相关，又要外生于企业技术创新。这里参考欧阳艳艳等（2020）的研究，选取对外直接投资政策为工具变量。2014 年，《境外投资项目核准和备案管理办法》出台，对外直接投资管理政策实现由核准管理制度到核准和备案管理制度的转变，审批手续简化，权责界定明晰。与此相关的政策能够促进企业对外直接投资，满足相关性条件；该政策无法直接影响企业创新绩效，满足外生性假设。以 2014 年为节点，设置政策虚拟变量（*Policy*）[①]，2014 年及之后年份赋值为 1，反之赋值为 0。经豪斯曼（Hausman）检验，认为解释变量内生，而后进行 2SLS 估计，表 4-3 的第（2）、（3）列分别为第一阶段和第二阶段的估计结果。在第一阶段检验中，被解释变量为对外直接投资，工具变量的系数显著为正，F 统计

[①] 由于 *Policy* 变量并不具有时间趋势，利用固定资产投资价格指数与之相乘，构造时间趋势。

量的值（47.52）大于10①，过度识别检验显示工具变量与扰动项不相关，认为工具变量有效。第（3）列中对外直接投资的系数显著为正，说明在排除内生性问题的干扰后，OFDI对企业技术创新依然具有显著的正向影响，且系数值（1.1799）大于基准回归结果。

表4-3　对外直接投资影响技术创新的 **PSM-DID** 与 **2SLS** 实证结果

变量	PSM-DID (1)	第一阶段 (2)	2SLS (3)	DID (4)	第一阶段 (5)	2SLS (6)
对外直接投资	0.1717*** (0.0532)		1.1799*** (0.3822)	0.1051*** (0.0282)		1.5717*** (0.5456)
政策		0.3827*** (0.0555)			0.2972*** (0.0585)	
控制变量	是	是	是	是	是	是
企业固定效应	是	是	是	是	是	是
年份固定效应	是	是	是	是	是	是
行业固定效应	是	是	是	是	是	是
观测值	8418	25309	25309	23381	23345	23345
R^2	0.0844	0.3310	-0.0835	0.0924	0.3601	-0.2430

注：***、**、*分别表示1%、5%、10%的显著性水平，括号内的数值表示企业层面的聚类稳健标准误。

此外，本章所用数据的起始年份为2003年，样本中包含初次对外投资年份在2003年之前的跨国企业。为了排除这部分样本对总体回归结果的干扰，这里剔除初投年份在2003年之前的样本，重新进行多期DID以及2SLS估计。实证检验结果如表4-3第（4）~第（6）列所示，对外直接投资的系数均在1%的显著性水平上为正，印证了基准回归的准确性。

---

① 限于篇幅，此处内容不详细展开，如有需要请直接联系作者。

三、替换变量与滞后期

在基准回归中，我们采用发明专利申请数量来衡量企业技术创新，非发明专利（实用新型和外观设计专利）的创新价值虽不及发明专利，但依然可以在一定程度上反映企业的创新程度。这里采用非发明专利申请数量（$Patud$）和专利申请总量①（$Patap$）为被解释变量，即采用实用新型和外观设计申请量以及专利申请总量来替代基准回归中的被解释变量，进行实证检验。为增强结果的可比性，这里依然对两个变量做取对数的处理。估计结果见表4-4第（1）、（2）列，对外直接投资的系数均在1%的显著性水平上为正，系数值略小于基准回归结果。

表4-4　　　　　　　替换变量与滞后期的稳健性检验结果

变量	替换被解释变量		滞后1期	滞后2期	滞后3期
	（1）	（2）	（3）	（4）	（5）
对外直接投资	0.0943*** （0.0341）	0.0947*** （0.0301）	0.1147*** （0.0294）	0.1090*** （0.0300）	0.1120*** （0.0325）
控制变量	是	是	是	是	是
企业固定效应	是	是	是	是	是
年份固定效应	是	是	是	是	是
行业固定效应	是	是	是	是	是
观测值	25345	25345	22359	19756	17401
R^2	0.0841	0.0732	0.0778	0.0670	0.0554

注：***、**、* 分别表示1%、5%、10%的显著性水平，括号内的数值表示企业层面的聚类稳健标准误。

此外，企业跨国经营需要经过在国际市场中投资、建厂、生产，而后经历经验累积、资源获取、知识学习、利润汇回等过程，再将互补性资源、高

---

① 专利申请总量为企业每年发明、实用新型和外观设计专利申请量的总和。

额的利润等应用于研发投入过程。从开始研发到研发成功不仅需要一定的时间，也受到诸多不确定性因素的干扰。考虑到企业海外投资行为对技术创新的影响不是一蹴而就的，可能存在一定程度上的时滞，我们将被解释变量分别滞后1~3期。实证回归结果见表4-4第（3）~第（5）列，估计系数在1%的显著性水平为正，且系数值略高于基准回归。故而，替换被解释变量和考虑滞后期的估计结果再次印证了企业OFDI对技术创新产生显著的正向影响。这不仅证实了多期DID估计结果的稳健性，也说明OFDI对发明专利的提升效应大于非发明专利，以及OFDI对企业技术创新的影响具有一定的连续性。

四、替换估计方法与排除干扰

由于被解释变量存在零值断尾现象，本节借鉴陈爱贞等（2021）的处理方法，采用其他的估计方法重新估计实证结果。首先，这里采用针对断尾数据的估计方法——受限因变量模型（Tobit），表4-5第（1）、（2）列均为随机效应的面板Tobit模型的回归结果①，被解释变量分别为发明专利申请量取对数和发明专利申请量本身（Patlip）。再者，由于发明专利本身数据为计数数据，且存在一定的过度分散问题，所以采用面板负二项回归模型进一步检验多期DID回归结果的稳健性（如第（3）列所示）。三个模型对外直接投资的系数均在1%的显著性水平上为正，再次证实企业对外直接投资对技术创新具有积极影响这一基本结论的稳健性。

表4-5　　　　替换方法与排除干扰的稳健性检验结果

变量	（1）	（2）	（3）	（4）	（5）
对外直接投资	0.1796*** (0.0355)	2.8242*** (0.5515)	0.1765*** (0.0273)	0.1060** (0.0422)	0.0816** (0.0353)

---

① 经LR检验存在个体效应，认为使用随机效应的面板Tobit模型更稳健。

续表

变量	(1)	(2)	(3)	(4)	(5)
控制变量	是	是	是	是	是
企业固定效应	否	否	否	是	是
年份固定效应	是	是	是	是	是
行业固定效应	是	是	是	是	是
观测值	25345	25345	25345	14007	11338
Log-likelihood	−23187.283	−49177.315	−40880.583		
R^2				0.1256	0.0690
Chow 检验				\multicolumn{2}{c}{0.6270}

注：***、**、* 分别表示1%、5%、10%的显著性水平，括号内的数值表示企业层面的聚类稳健标准误。

尽管在计量模型中控制了行业固定效应，但与非高科技企业相比，高科技企业更能有效地把握市场需求、洞察高端技术研发动态，在跨国投资期间能够高效地整合资源、评估研发的可行性。那么，企业对外直接投资对技术创新的影响是否受自身科技水平的影响呢？我们将样本划分为高科技企业与非高科技企业，分别进行多期 DID 估计。高科技企业与非高科技企业划分标准参考彭红星和毛新述（2017）的做法，依据经济合作与发展组织（OECD）的相关文件、《战略性新兴产业分类目录》和《战略性新兴产业分类（2012）（试行）》，按照《上市公司行业分类指引》（2012年修订）的行业代码界定高科技企业，除此之外界定为非高科技企业。两者的回归结果如表4-5的第（4）、（5）列所示，虽然回归系数均在5%的显著性水平上为正，但是 Chow 检验的 P 值为0.6270，未达到10%的显著性水平，说明高科技企业与非高科技企业对外直接投资对技术创新产生的影响并不存在显著的差异。由此表明，对外直接投资对企业技术创新的影响受自身科技水平限制的可能性很小。

第四节 异质性分析

国有企业和非国有企业因其所有制性质差异,在对外投资的目标和风险控制上的表现不同。在对外投资的目标上,国有企业 OFDI 是内、外部驱动因素综合作用的结果,除了追求利润最大化、增加盈利能力与竞争力等,还可能基于政府政治目标并受国家经济发展目标导向。因此,国有跨国企业更有可能寻求稀缺性战略资源并将其带回母国(Rudy et al., 2016),从而更利于实现母国技术创新。而非国有企业 OFDI 则更多地基于企业自身发展与商业目标的战略决策,若跨国企业在东道国可以实现更大的商业价值,则非国有跨国企业很可能将互补性资源与研发成果留在东道国,而非转移至母国,进而对技术创新的正向影响效应不及国有企业。在风险控制上,在国有企业混合所有制改革和企业"走出去"的背景下,国有跨国企业在一定程度上缓解了效率低下的问题,并在政府的支持与约束下,海外投资可以更有效地降低风险,保障合同顺利执行,增强跨国投资与合作的延续性,获得互补性资源,进而更利于母国企业技术创新。此外,尽管国有企业在降低成本与研发创新上的动机相对薄弱,但是在应对改革和面对激励时,具有更高的知识产权创造和商业化水平(Lach and Schankerman,2008)。

已有研究证实国有企业与非国有企业的经济绩效存在差异(Arocena and Oliveros,2012),两者在对外直接投资的方向和目标也不尽一致,那么对外直接投资对技术创新的溢出是否存在差异呢?表 4-6 第(1)、(2)列分别为国有企业与非国有企业的估计结果,Chow 检验的 P 值为 0.0330,说明两者的差异达到 5% 的显著性水平,可以进行系数大小的比较。国有企业对外直接投资的系数在 1% 的显著性水平为正,非国有企业则在 10% 的显著性水平上为正,且国有企业的系数(0.2237)远大于非国有企业(0.0568),表明国有和非国有企业 OFDI 均能促进技术创新,但国有企业 OFDI 的技术创新效应更强。当然，已有研究表明国有企业与非国有企业的对外直接投资决策并非孤立的，国有企业在海外投资中发挥着"示范效应"（赵勇和初晓，2021）。尽管就目前的数据而言，非国有企业对外直接投资对技术创新的影响尚不及国有企业，但在国有企业的带动下，非国有企业将与之形成良好的互动交流机制，共同提升国际循环的质量。

表 4-6　　　　对外直接投资影响技术创新的异质性回归结果

变量	国有企业 （1）	非国有企业 （2）	成熟期企业 （3）	成长期企业 （4）	大型企业 （5）	中小型企业 （6）
对外直接投资	0.2237*** （0.0544）	0.0568* （0.0327）	0.0770** （0.0314）	0.0669 （0.0488）	0.2505*** （0.0756）	0.0758*** （0.0272）
控制变量	是	是	是	是	是	是
企业固定效应	是	是	是	是	是	是
年份固定效应	是	是	是	是	是	是
行业固定效应	是	是	是	是	是	是
Chow 检验	0.0330**		0.0080***		0.0130**	
观测值	10447	14898	19142	6203	6630	18715
R^2	0.1581	0.0663	0.0509	0.1005	0.1765	0.0634

注：（1）***、**、*分别表示1%、5%、10%的显著性水平，括号内的数值表示企业层面的聚类稳健标准误；（2）Chow 检验汇报的是组间系数差异的显著性。

投资是一种存在风险的活动，跨国投资更是如此，面临诸多的不确定性。不同发展阶段和不同规模的企业对风险抵御能力不同，企业的经营策略迥异，在海外投资中的获益程度自然也不一。处于不同发展阶段的企业，发展战略目标与所面临的约束存在差异，成熟期企业一般已拥有完整的生产与销售链，注重对市场份额的控制，关注升级产品的研发创新，以继续延长企业的生命周期；成长期企业则更关心与企业生存相关的问题，注重应用研发与研发效率，对风险的抵御能力很弱。这里依据企业成立时间是否大于10年来区分成熟期企业与成长期企业（虞义华等，2018），将企业成立时间大于10年的企业视为成熟期企业，反之视为成长期企业。在表 4-6 第（3）、（4）列中，Chow 检验的 P 值为 0.0080，说明两者的差异达到 1%的显著性水平。通过比较系数大小及其显著性发现，成熟期企业对外直接投资显著促进企业技术创新，但成长期企业对外直接投资对技术创新的影响并不显著。这组估计结果表明，与成熟期企业相比，成长期企业的生产、销售与管理体系尚不健全，对市场机遇的把控能力较弱，在跨国投资中缺乏竞争力，难以适应陌生的经营环境，承担更多的制度成本，对技术创新的促进作用并不明显。

企业的规模是影响企业战略决策的重要因素，大型企业拥有相对雄厚的资金，管理体系完善，承担风险的能力更强；中小型企业规模较小，经营管理比较灵活，转型和改革相对容易。两者在对外直接投资决策、动机等方面存在差异。本章参考虞义华等（2018）的研究，依据企业主营业务收入是否超过所在行业当年主营业务收入的均值，划分为大型企业和中小型企业。实证检验结果如表 4-6 第（5）、（6）列所示，Chow 检验通过 5%的显著性水平，大型企业和中小型企业的回归系数均在 1%的显著性水平上为正，但大型企业的系数值（0.2505）高于中小型企业（0.0758）。这组估计结果表明，与中小型企业相比，大型企业凭借自身的规模优势、融资优势、抵御风险优势等，对外直接投资对技术创新产生的正向影响更大。

第五节 机制分析

研发投入已经成为企业增强核心竞争力、提升自主创新能力的重要手段（王亮亮和王跃堂，2015）。在第三章的理论分析中，企业通过对外直接投资获得互补性资源和知识溢出，而后集中优势资源，加大研发投入，激发提升当前最高产品质量的动力，进而提高创新成功的可能性。我们参考杨国超等（2017）、段军山和庄旭东（2021）、黄凯南等（2022）的研究，采用企业研发投入金额取对数来测度研发投入（$Lnput$），检验对外直接投资对企业研发投入的影响。实证回归结果如表4-7第（1）、（2）列所示，被解释变量为研发投入，多期DID和逐期PSM-DID估计中对外直接投资的系数分别为0.2181和0.4664，且均在1%的显著性水平上显著。估计结果表明，企业选择跨国投资能够获得更多的知识、资源、生产利润等，也面对着更为复杂的竞争环境，直接或间接地提升了企业进行高质量产品创新的动力，进而促进企业技术创新。

表4-7 对外直接投资影响技术创新的机制检验结果

变量	DID (1)	PSM-DID (2)	DID (3)	PSM-DID (4)	DID (5)	PSM-DID (6)
对外直接投资	0.2181*** (0.0340)	0.4664*** (0.0930)	0.4671* (0.2643)	1.9348** (0.9306)	0.1689*** (0.0194)	0.2455*** (0.0383)
控制变量	是	是	是	是	是	是
企业固定效应	是	是	是	是	是	是
年份固定效应	是	是	是	是	是	是
行业固定效应	是	是	是	是	是	是
观测值	14721	4143	9175	2447	21697	7173
R^2	0.3392	0.2708	0.0460	0.1158	0.3770	0.2848

注：***、**、*分别表示1%、5%、10%的显著性水平，括号内的数值表示企业层面的聚类稳健标准误。

研发资源的利用效率是企业提高创新产出、开展持续性创新的重要推动力（谭洪涛和陈瑶，2019）。第三章的理论分析中，我们认为对外直接投资通过获取互补性研发资源、先进知识与高端技术等，进而降低单位研发成本，这就意味着对外直接投资提升了研发资源配置效率，即从研究到开发的转化率更高，创新成功的可能性更高。资本化研发支出程度体现了企业研发资金的利用向研发产出转化的效率，它有利于降低企业的研发成本压力，缓解企业研发投资与当前收益不相匹配的问题（李华，2016），提高企业进行研发的积极性，传递积极的信号（王燕妮等，2013），提升企业的预期价值与预期收益（Ahmed and Falk，2006；周铭山等，2017）。我们参考陈红等（2018）的研究，采用研发投入支出资本化的金额取对数来衡量企业的研发效率（L$ncap$）。实证回归结果如表4-7第（3）、（4）列所示，被解释变量为研发效率，对外直接投资的系数分别为0.4671和1.9348，且分别在10%和5%的显著性水平上显著。估计结果表明，企业选择OFDI获取更多的互补性研发资源，提升企业的研发能力，相应地降低了企业的边际研发成本，提高了研发资源的利用效率。

技术创新的本质在于通过改变生产体系中生产要素的组合方式，实现生产效率的提升（Schumpeter，1934），优化资源配置是提升企业创新成功率的关键。在第三章的理论分析中，对外直接投资通过在国际市场中获取的互补性资源，减少资源错配，进一步提升企业的资源配置效率，为降低研发成本和提升创新率贡献力量。一些学者从全要素生产率的视角考察了资源配置效率（Hsieh and Klenow，2009；杨慧梅和李坤望，2021），由于各行业之间的全要素生产率存在较大的差异，我们采用企业全要素生产率与行业层面全要素生产率均值之差来衡量资源配置效率（$Efficiency$），这是一种相对意义上的资源配置效率。第（5）、（6）列的被解释变量为资源配置效率，对外直接投资的系数分别为0.1689和0.2455，且都在1%显著性水平上显著。估计结果表明，企业对外直接投资以优化资源配置的方式为企业节约了研发成本，提升了创新成功的可能性，进而为企业技术创新注入持久动力。

第六节 进一步分析：非对称影响

在第三章的理论分析中，我们分逆技术梯度和顺技术梯度两种情况推理中国企业对外直接投资对技术创新的影响，其中，流向高收入国家的逆梯度OFDI能够接触到更多的互补性研发资源，通过模仿学习先进技术的方式为国内的自主研发奠定了坚实的基础；流向低收入国家的顺梯度对外直接投资可以汇回更多的生产利润，以及获取部分互补性生产资源。两者相比较，逆梯度对外直接投资对企业技术创新的促进效应更高（理论命题3）。接下来，我们针对理论命题3的基本论断，进行实证检验。当然，也有一些实证研究探讨了对外直接投资的流向对母国技术创新效应的影响（Pradhan and Singh, 2009; Piperopoulos et al., 2018; Hong et al., 2019; Zhou et al., 2019; Dong et al., 2021）。我们在借鉴以上研究的基础上，首先用东道国平均居民专利申请数量[①]来表示企业海外投资区位的创新能力。鉴于该指标的均值与中位数之间的差距较大，且后续将进行逐期PSM-DID估计，为了保持两组样本量之间的相对平衡，这里依据该指标的中位数，将总样本分为高创新能力和低创新能力两个子样本。

回归结果如表4-8所示，第（1）、（2）列为多期DID估计结果，对外直接投资的系数均在1%的显著性水平上显著。第（1）列为OFDI流向高创新能力地区（逆技术梯度）的估计结果，对外直接投资的系数为0.1676；第（2）列为OFDI流向低创新能力地区（顺技术梯度）的估计结果，对外直接投资的系数为0.1031。在此基础上，我们进行逐期PSM-DID估计，估计结果如第（3）、（4）列所示，跨国企业向高创新能力国家直接投资对技术创新的正向影响系数更大、显著性水平更高。以上多期DID和逐期PSM-DID估计结果表明，与低创新能力地区相比，跨国企业向高创新能力国家直接投资对技术创新的正向影响更强。这就验证了理论命题3的真实性。

表4-8　　　　对外直接投资影响技术创新的非对称回归结果

变量	高创新(1)	低创新(2)	高创新(3)	低创新(4)	高收入(5)	低收入(6)
对外直接投资	0.1676*** (0.0401)	0.1031*** (0.0323)	0.2170*** (0.0619)	0.1186** (0.0501)	1.6651*** (0.0574)	0.4782*** (0.0615)

---

① 资料来源：世界银行数据库。

续表

变量	高创新 (1)	低创新 (2)	高创新 (3)	低创新 (4)	高收入 (5)	低收入 (6)
控制变量	是	是	是	是	是	是
企业固定效应	是	是	是	是	是	是
年份固定效应	是	是	是	是	是	是
行业固定效应	是	是	是	是	是	是
观测值	17664	18477	7345	7565	5495	3424
R^2	0.1065	0.0777	0.0974	0.0769	0.0748	0.0675

注：①***、**、*分别表示1%、5%、10%的显著性水平，括号内的数值表示企业层面的聚类稳健标准误；②由于投资区位的划分不是将样本一分为二，而是依据跨国企业OFDI的东道国信息区分样本，而后依据子样本分别匹配非跨国企业，因此高创新水平和低创新水平、高收入和低收入子样本之间无法进行组间差别检验；③第（1）、（2）列为多期DID估计结果，第（3）~第（6）列为逐期PSM-DID估计结果。

经济发展水平的差异反映了技术水平的差距，向经济发展水平较高的东道国直接投资，企业能够接触更多的高端技术与研发资源，为完善自身创新系统所提供的互补性资源更多。另外，经济发展水平越高的地区，其制度建设越完善，对知识产权保护力度越大，跨国企业与东道国创新机构合作研发的成果能得到更有效的保护，跨国企业的研发合作的意愿更强，进而有利于提升跨国企业的研发能力。我们首先将跨国企业开始对外投资后的样本匹配东道国平均人均GDP的数据，而后依据该指标的均值，分为高收入和低收入地区两个子样本，并对两个子样本分别匹配非跨国企业数据，进行PSM-DID估计。实证结果如第（5）、（6）列所示，对外直接投资的系数均在1%的显著性水平显著，系数值分别为1.6651和0.4782。这组估计结果再次表明，中国企业向高收入国家开展逆技术梯度的对外直接投资，对技术创新的积极影响效应更强，佐证了理论命题3的基本观点。

第四章 对外直接投资与企业技术创新：基于双重差分的检验

第七节 小 结

随着我国政府不断倡导企业"走出去"和积极推进"一带一路"倡议，中国的 OFDI 流量迅猛增长，占据全球领先位置。本章在第三章理论分析的基础上，利用 2003~2019 年中国 A 股上市公司的面板数据，将跨国企业作为实验组，非跨国企业作为对照组，依据跨国企业首次对外直接投资的年份，进行多期双重差分（DID）回归，实证检验理论命题 1 和命题 3 的真实性。得出的主要结论如下所示。

第一，与非跨国企业相比，跨国企业选择对外直接投资显著促进了技术创新。在逐步添加控制变量、企业固定效应、行业固定效应和年份固定效应的情况下，对外直接投资对技术创新具有显著的正向影响，经过平行趋势检验、安慰剂检验、工具变量法、逐期 PSM-DID、替换变量与回归方法等一系列的稳健性检验与内生性处理，基准回归结果依然成立。

第二，对外直接投资对技术创新的积极影响具有所有制性质、规模大小和发展阶段的异质性特征。受政治和经济双重目标导向的国有企业在国际市场中能够获得互补性资源，承受更多的风险，并保证投资的连续性，其 OFDI 对技术创新产生的积极影响比非国有企业更大。拥有完整产业链条、更注重研发创新的成熟期企业，OFDI 对技术创新具有显著的正向影响；而缺乏竞争力、体系建设尚不完善的成长期企业 OFDI 对技术创新的影响并不显著。大型企业凭借自身的融资与规模优势，OFDI 对技术创新的积极影响比中小型企业更优。

第三，对外直接投资对技术创新的积极影响主要通过增加研发投入、提高研发效率和资源配置效率路径实现。具体地，跨国企业以 OFDI 的形式参与国际市场竞争，直接提升了创新动力，增加了创新投入，进而提升创新绩效。同时，跨国投资或建立海外研发中心与国际先进技术接轨，或转移生产降低生产成本，在国际市场中获取互补性研发与生产资源，提高了研发效率和资源配置效率，提升创新成功的可能性，实现技术创新的跃迁。

第四，逆技术梯度和顺技术梯度 OFDI 对技术创新具有非对称的影响。依据东道国的创新能力和收入水平来划分子样本，并匹配非 OFDI 企业数据的实证检验显示，逆技术梯度和顺技术梯度 OFDI 均能促进技术创新，但流向高收入国家的逆技术梯度 OFDI，对企业技术创新产生的正向影响更大。

第五章　对外直接投资速度与企业技术创新：基于非线性关系的检验

在第四章中，我们通过多期双重差分估计已证实了企业OFDI的确能够促进技术创新，那么这是否意味着对外扩张速度越快越好呢？第三章的理论分析认为，随着OFDI速度的加快，企业面临更加复杂的海外投资网络，虽然可以接触更多元的知识和资源，但知识的融合难度增加，产生更多的生产、协调与制度成本，即企业海外扩张的动机超过了海外扩张的能力，从而弱化了OFDI速度对技术创新的积极影响。换言之，海外扩张速度引致的边际成本的增长高于边际收益，从而OFDI速度对企业技术创新的边际正向影响呈递减趋势（理论命题2）。本章构建了包含对外直接投资速度平方项的计量模型，检验OFDI速度对技术创新的非线性影响，证实第三章中理论命题2的真实性。而后，本章选取合适的工具变量进行2SLS估计与系统GMM估计，以尽量克服内生性问题。同时，也进行了替换指标、估计方法等一系列的稳健性检验。在此基础上，进一步分析OFDI速度对企业创新质量广度和深度的影响，并对上一章节中的机制分析与非对称影响进行补充检验。此外，从企业所有制性质、组织学习方式和投资动机视角进行异质性分析。

第一节　模型设定与变量描述

一、数据来源与计量模型设定

本章主要关注中国企业OFDI速度对技术创新的影响，依然选取2003~

2019年拥有海外子公司的中国A股上市公司面板数据为样本。企业对外直接投资、相关财务数据、专利数量数据、行业信息、省级层面数据的来源，以及关于数据的相关处理方法都与第四章一致①，东道国相关数据取自世界银行数据库和CPEII数据库。为检验企业对外直接投资速度对技术创新的非线性影响，本章构建了如下计量模型：

$$Inn_{i,t} = \beta_0 + \beta_1 Ofds_{i,t} + \beta_2 Ofds_{i,t}^2 + \gamma' X_{i,t} + v_i + \tau_t + \lambda_j + \varepsilon_{i,t} \tag{5-1}$$

其中，$Inn_{i,t}$ 表示 t 时期企业 i 的技术创新程度；$Ofds_{i,t}$ 表示 t 时期企业 i 的对外直接投资速度，$Ofds_{i,t}^2$ 表示 t 时期企业 i 的对外直接投资速度的平方；$X_{i,t}$ 表示一系列控制变量，即可能影响企业技术创新的其他因素，包括企业层面、省级层面和东道国层面的诸多因素；v_i、τ_t、λ_j 分别表示企业、年度和行业固定效应；$\varepsilon_{i,t}$ 为随机扰动项。

二、变量描述

解释变量为对外直接投资速度（$Ofds$）及其平方项（$Ofds^2$），借鉴既有研究的基础上，基准回归采用的衡量指标为OFDI平均速度，用企业每年OFDI的平均次数来衡量，即自企业 i 首次OFDI起，t 时期所拥有海外子公司的累积数量与企业 i 对外直接投资年数的比值，该比值越大表示企业OFDI平均速度越快（Vermeulen and Barkema, 2002；Yang et al., 2017；周燕和郑涵钰，2019）。在稳健性检验中另用OFDI增速和OFDI东道国广度（董有德和陈蓓，2021；黄远浙等，2021）。

被解释变量、企业层面和省级层面的控制变量以及各类固定效应与第四章一致。在第四章的基础上，本章还控制了东道国层面的相关变量，主要包括：（1）人均GDP（$Lnpgdp$），用跨国企业每年所涉及东道国的人均GDP（单位：美元）的均值取对数来表示（杨娇辉等，2016）；（2）地理距离

---

① 参见第四章第一节，这里不再赘述。

(Ln*dist*)，用 CPEII 数据库统计的 4 个地理距离指标①（单位：千米）的均值取对数来测度（鲍洋，2020；苗翠芬等，2020；欧阳艳艳等，2022）；（3）制度环境（*Ins*），由世界银行发布政治治理指标的 6 个子指标（话语权和问责、政府稳定、政府效能、监管质量、法治程度和腐败控制）经主成分分析得到（王瑞和王永龙，2017；谢孟军等，2017；张一力等，2018；赵云辉等，2020），该指标的度量单位为分。以上主要变量的统计性描述如表 5-1 所示，同时也检验了多重共线性及各变量的方差膨胀因子（VIF），所有的 VIF 都远低于 10，故不存在严重的多重共线性。

表 5-1　　主要变量的统计性描述

变量	样本量	均值	标准差	最小值	最大值
技术创新	11958	1.0395	1.3660	0	4.9767
对外直接投资速度	11958	3.0179	2.4749	1	17.3333
企业年龄	11958	15.7251	5.8499	3	30
净资产收益率	11958	0.0648	0.1311	-0.7949	0.3217
资本结构	11958	0.4545	0.2068	0.0536	0.9252
所得税率	11958	0.1264	0.1648	-0.5399	0.8387
股权集中度	11958	59.8320	15.7958	22.2900	92.0200
资本强度	11958	0.0328	0.0689	0.0019	0.5083
政府补贴	11958	0.0018	0.0039	0	0.0231
劳动生产率	11958	13.2066	21.6554	1.0019	150.2353
经济发展水平	11958	10.1078	0.7381	7.3453	11.1582
外商直接投资	11958	12.1818	1.1991	7.8438	14.0822

---

① 四个衡量地理距离指标包括按经纬度计算的中国与东道国主要城市之间的球面距离、按中国与东道国首都计算的球面距离以及将人口分布状况作为权重的两个相对地理距离。

续表

变量	样本量	均值	标准差	最小值	最大值
人均GDP	11958	10.36331	0.6709	5.7463	11.4309
地理距离	11958	8.1546	0.7741	3.3529	9.8628
制度环境	11958	0.0391	0.8677	-2.4805	1.3373

第二节 基准回归结果

既然企业选择对外直接投资可以带动技术创新，那么是否意味着企业为了快速实现技术突破就应该快速地展开大范围的对外直接投资呢？参照既有研究（Haans et al.，2016）的结论，判断是否具有非线性的平方关系必须同时满足三个条件：(1) 解释变量平方项的系数显著；(2) 样本的两个端点值系数显著且斜率相反；(3) 临界值（Turn Point）95%的置信区间在样本范围内。

对外直接投资速度与技术创新关系的实证检验结果如表5-2所示，第 (1)~第 (5) 列逐步添加了控制变量、企业固定效应、年份固定效应和行业固定效应，估计结果都满足以上三个条件。我们以第 (5) 列为例进行具体分析，对外直接投资速度平方项的系数在1%的显著性水平上为-0.0052，满足条件 (1)；结合Utest检验结果，T统计量值为3.52，在1%显著性水平上拒绝线性或"U"型的原假设，且两个端点值1和17.3333的斜率分别为0.0860和-0.0853，满足条件 (2)；临界值为9.1983，其95%的置信区间为 [7.7730, 10.6235]，处于样本区间 [1, 17.3333] 之中，满足条件 (3)[①]。由此表明，OFDI平均速度对跨国企业技术创新产生倒"U"型的影响，即随着OFDI平均速度的增加，企业技术创新水平呈"先增加后减少"的变化趋势。具体而言，在样本范围内，当跨国企业拥有的平均海外子公司

---

① 限于篇幅，此处内容不详细展开，如有需要请直接联系作者。

第五章 | 对外直接投资速度与企业技术创新：基于非线性关系的检验

数量低于 9.1983 时，加快海外投资步伐对技术创新产生积极影响，否则积极影响消失。

表 5-2　　　　　　　OFDI 速度与技术创新的基准结果

变量	(1)	(2)	(3)	(4)	(5)
对外直接投资速度	0.2027*** (0.0415)	0.1145*** (0.0249)	0.0954*** (0.0192)	0.1000*** (0.0225)	0.0965*** (0.0191)
对外直接投资速度平方	-0.0100*** (0.0023)	-0.0061*** (0.0015)	-0.0052*** (0.0013)	-0.0053*** (0.0014)	-0.0052*** (0.0012)
企业年龄		0.0006 (0.0068)	-0.0008 (0.0114)	0.0057 (0.0800)	0.0108 (0.0798)
净资产收益率		0.1970*** (0.0716)	0.1226** (0.0468)	0.1243** (0.0443)	0.1360*** (0.0465)
资本结构		-0.0526 (0.1175)	-0.0230 (0.0570)	-0.0332 (0.0629)	0.0036 (0.0627)
所得税率		-0.0319 (0.0437)	-0.0029 (0.0439)	-0.0120 (0.0442)	-0.0076 (0.0424)
股权集中度		-0.0035*** (0.0010)	-0.0047*** (0.0010)	-0.0047*** (0.0010)	-0.0046*** (0.0009)
资本强度		0.1290 (0.4321)	0.6064 (0.4544)	0.6058 (0.4135)	0.7217 (0.4221)
政府补贴		10.1939*** (1.9281)	6.3427*** (1.7420)	5.9614*** (1.6018)	5.6455*** (1.5995)
劳动生产率		-0.0023*** (0.0008)	-0.0022 (0.0014)	-0.0020 (0.0013)	-0.0025** (0.0011)
经济发展水平		0.4561*** (0.0860)	0.5217*** (0.1378)	0.2767*** (0.0748)	0.2777*** (0.0669)
外商直接投资		-0.1151* (0.0693)	-0.0866 (0.0984)	0.0030 (0.0569)	-0.0095 (0.0551)

续表

变量	(1)	(2)	(3)	(4)	(5)
人均GDP		0.0341 (0.0225)	-0.0198 (0.0292)	-0.0064 (0.0300)	-0.0012 (0.0276)
地理距离		0.1049*** (0.0203)	0.0772*** (0.0208)	0.0768*** (0.0196)	0.0739*** (0.0179)
制度环境		-0.0732*** (0.0281)	-0.0213 (0.0391)	-0.0395 (0.0413)	-0.0457 (0.0384)
常数	0.5680*** (0.1144)	-3.4454*** (0.3520)	-3.5161*** (1.1288)	-2.5511** (0.9309)	-2.5702*** (0.8425)
企业固定效应	否	否	是	是	是
年份固定效应	否	否	否	是	是
行业固定效应	否	否	否	否	是
观测值	11958	11958	11958	11958	11958
R^2	0.0218	0.0554	0.0585	0.0627	0.0777
T	3.61***	3.33***	3.07***	3.05***	3.52***

注：T为Utest检验中的T统计量，***、**、*分别表示1%、5%、10%的显著性水平，括号内的数值表示行业层面聚类稳健标准误。

由以上分析可以推断，中国企业开展逆梯度和顺梯度对外直接投资，获取先进技术与研发资源，获得高额生产利润与互补性生产资源，有利于提高研发效率，优化资源配置，重塑知识结构体系，提升企业研发动力，增强自主创新的能力。然而，随着跨国投资的持续扩张，跨国企业承受更多的外来者劣势，付出更多的制度成本，而过多过杂的知识也增加了整合知识的难度，企业面临更多的不确定性。因而，跨国企业适度的对外扩张速度方可引致最优的技术创新绩效。另外，在第（5）列的估计结果中，OFDI速度对技术创新的影响"由正转负"的临界值为9.1983，结合2003~2019年中国A股上市公司面板数据的统计性描述发现，超过95%的样本的对外直接投资速度小于临界值。这就说明，目前而言，绝大多数（高于95%）的我国跨国企业对外直接投资对技术创新具有显著的正向影响,但这种正向影响呈边际递减的变化趋势。结合以上基准回归结果和总样本的统计分析共同验证了理论命题2的真实性。

第三节　稳健性检验与内生性讨论

为了增强估计结果的稳健性以及缓解内生性问题,我们进行了如下尝试:在稳健性检验方面,首先,从变量的衡量指标入手,将被解释变量替换为非发明专利和专利总量,将解释变量替换为OFDI增速和东道国广度;其次,鉴于被解释变量属于受限因变量,采用Tobit模型重新估计,也汇报了面板负二项估计结果;最后,从分样本回归的角度对基准回归结果的真实性进行检验,也排除了行业和政策性因素的干扰。在内生性问题的讨论上,我们既寻找合适的工具变量进行两阶段最小二乘(2SLS)估计,也进行了广义矩估计(GMM)估计。

一、稳健性检验

(一)替换变量与方法

在被解释变量方面,我们用非发明专利申请量(实用新型和外观设计)取对数(*Patud*)以及专利申请总量(发明、实用新型和外观设计)取对数(*Patap*)来替代基准回归中的被解释变量,估计结果分别如表5-3的第(1)、(2)列所示。OFDI速度的平方的系数均在1%的显著性水平上为负,Utest检验结果显示OFDI速度两端点值的斜率显著相反,临界值分别为10.6044和9.4451,其95%的置信区间分为[8.4268,12.7819]和[7.6664,11.2237]①,均处于样本区间内。由此可知,OFDI速度与企业技术创新存在倒"U"型关系,再次表明海外投资速度都应控制在一定范围内,跨国企业

---

① 限于篇幅,此处内容不详细展开,如有需要请直接联系作者。

才能更好地发挥海外投资优势，获取互补性资源、增强组织学习能力、提升技术研发水平。

表 5-3 替换变量的稳健性检验结果

变量	替换被解释变量		替换解释变量	
	（1）	（2）	（3）	（4）
对外直接投资速度	0.1125*** (0.0242)	0.1159*** (0.0169)	0.0236*** (0.0069)	0.0990*** (0.0137)
对外直接投资速度平方	-0.0053*** (0.0015)	-0.0061*** (0.0011)	-0.0008*** (0.0002)	-0.0052*** (0.0012)
控制变量	是	是	是	是
企业固定效应	是	是	是	是
年份固定效应	是	是	是	是
行业固定效应	是	是	是	是
观测值	11958	11958	11958	11958
R^2	0.0481	0.0634	0.0756	0.0793
T	2.39**	3.70***	2.78***	1.79**

注：T 为 Utest 检验中的 T 统计量，***、**、*分别表示1%、5%、10%的显著性水平，括号内的数值表示行业层面聚类稳健标准误。

在解释变量上，海外扩张速度具有一定的网络性质，不仅涉及建立的海外子公司数量，而且涵盖东道国范围。我们在基准回归的基础上，从 OFDI 增速和东道国广度两个角度替换解释变量，进行实证检验。借鉴周燕和郑涵钰（2019）、董有德和陈蓓（2021）等的研究，OFDI 增速（*Ofdie*）采用企业每年新增 OFDI 次数来衡量，即企业 i 在 t 时期新增的海外子公司数量（企业首次对外直接投资到 t 时期累积的海外子公司数量与到 t-1 时期累积的海外子公司数量之差），该数值越大表示企业 OFDI 增速越快。借鉴黄远浙等（2021）的研究，东道国广度（*Ofdic*）采用企业 i 首次 OFDI 到 t 时期累积涉及的东道国数量来衡量。实证回归结果如表 5-3 第（3）、（4）列所示，对外直接投资速度平方项的系数均显著为负，Utest 检验结果显示拒绝线性或

第五章 | 对外直接投资速度与企业技术创新：基于非线性关系的检验

"U"型的原假设，临界值分别为14.2753和9.5808，其95%的置信区间分别为[10.6849，17.8657]和[7.2912，11.8703]，均处于样本区间[1，28]和[1，13]之内。由此表明，OFDI速度对技术创新的影响呈倒"U"型，当企业OFDI增速低于14.2753以及东道国广度低于9.5808时，加快海外投资步伐对技术创新具有积极影响，否则产生消极影响。

考虑到样本存在部分零值，OLS估计可能导致估计结果的偏误，这里采用其他的估计方法重新估计实证结果（陈爱贞等，2021）。表5-4第（1）、（2）列分别将发明专利申请量取对数和发明专利申请量本身作为被解释变量，使用随机效应的面板Tobit模型①重新对样本进行估计。此外，采用随机效应的面板负二项回归模型②进一步检验回归结果的稳健性（如第（3）列所示）。以上3个回归模型中对外直接投资速度平方项的系数均在1%的显著性水平上为负，再次印证了OFDI速度与企业技术创新之间呈现倒"U"型变化特征。

此外，基准回归结果说明OFDI速度对技术创新具有倒"U"型影响，也就是说，位于临界值的左边，OFDI速度促进母国技术创新；反之，OFDI速度阻碍母国技术创新。我们依据基准回归的临界值（9.1983），将总样本分为两个子样本，分别检验OFDI速度对企业技术创新的线性影响，通过比较两者线性估计结果来分析基准回归结果的稳健性。回归结果如表5-4所示，Chow检验的P值为0.0010，说明两者之间的差异达到1%的显著性水平，可以比较系数的大小。第（4）列为小于临界值的样本，OFDI速度的系数在1%的显著性水平为正；第（5）列为大于临界值的样本，OFDI速度的系数在10%的显著性水平为负。以上符号相反的系数表明，随着企业不断扩大对外投资的步伐，对外直接投资对企业技术创新具有"先促进后抑制"的影响，这就再次印证了OFDI速度与企业技术创新之间存在倒"U"型关系，佐证了

---

① 经LR检验存在个体效应，因此使用随机效应的面板Tobit模型更稳健。
② 由于发明专利本身（Patlip）数据存在过度分散问题，故采用负二项回归模型，且经豪斯曼检验，P值为1，拒绝原假设，认为使用随机效应的面板负二项回归模型更有效。

基准回归结果的真实性。

表 5-4　　　　　　　　　替换估计方法的稳健性检验

变量	Tobit		负二项	分样本线性估计	
	(1)	(2)	(3)	(4)	(5)
对外直接投资速度	0.1789*** (0.0312)	6.8502*** (0.7754)	0.0488** (0.0233)	0.0413*** (0.0075)	-0.0395* (0.0205)
对外直接投资速度平方	-0.0098*** (0.0019)	-0.2952*** (0.0478)	-0.0040*** (0.0014)		
控制变量	是	是	是	是	是
企业固定效应	否	否	否	是	是
年份固定效应	是	是	是	是	是
行业固定效应	是	是	是	是	是
观测值	11958	11958	11958	11523	435
Log-likelihood	-12414.985	-29874.033	-24034.854		
R^2				0.0770	0.3745
Chow 检验				0.0010***	

注：①***、**、*分别表示1%、5%、10%的显著性水平，括号内的数值为标准误。②Chow检验汇报的是组间系数差异的显著性。

（二）滞后效应与排除干扰

鉴于企业对外直接投资对技术创新的影响具有一定的滞后性，我们将解释变量分别滞后1至5期，实证检验结果如表5-5第（1）～第（5）列所示。第（1）～第（4）列中对外直接投资速度平方项的系数均在1%的显著性水平上为负，且Utest检验在1%的显著性水平上拒绝原假设，临界值分别为8.7772、8.4921、7.4538和6.8053，均低于基准回归中的临界值（9.1983），其95%的置信区间也都位于样本区间内。第（5）列中对外直接投资速度平方项的系数尽管在5%的显著性水平上为负，但是Utest检验无法拒绝原假设，即倒"U"型关系并不成立。以上实证检验结果表明，企业跨国投资与创新绩效之间的倒"U"型关系存在持续效应，尤其表现在海外投资后的 4 年内，但持续效果在投资后的第 5 年消失。

表 5-5　　　　　　　　　　滞后期的稳健性检验

变量	(1)	(2)	(3)	(4)	(5)
对外直接投资速度	0.1343*** (0.0234)	0.1403*** (0.0366)	0.1071*** (0.0329)	0.0754*** (0.0218)	0.0614** (0.0240)
对外直接投资速度平方	−0.0077*** (0.0015)	−0.0083*** (0.0024)	−0.0072*** (0.0024)	−0.0055*** (0.0015)	−0.0030** (0.0014)
控制变量	是	是	是	是	是
企业固定效应	是	是	是	是	是
年份固定效应	是	是	是	是	是
行业固定效应	是	是	是	是	是
观测值	9528	7622	6123	4888	3912
R^2	0.0672	0.0607	0.0582	0.0500	0.0447
T	4.36***	3.09***	2.76***	3.05***	1.26

注：T 为 Utest 检验中的 T 统计量，***、**、* 分别表示 1%、5%、10%的显著性水平，括号内的数值表示行业层面聚类稳健标准误。

再者，政策因素的干扰也可能导致估计结果的偏差。随后，包括税收优惠等举措都成为企业实现技术突破的强力后盾。为了排除相关优惠政策对企业技术创新的影响，且考虑到政策实施需要一段时间，各地的税收优惠在随后年份陆续实施，这里剔除 2016 年之后的样本重新进行实证检验。实证回归结果如表 5-6 的第（1）列所示，对外直接投资速度平方项的系数在 5% 的显著性水平上为负，Utest 检验结果拒绝原假设，临界值为 8.2694，其 95% 的置信区间为 [7.1151, 9.4237]，处于样本区间之内，再次证实了基准回归结果的真实性。

此外，由于金融和房地产行业的对外直接投资一般属于资本投资，对技术创新的作用不大，为了排除该干扰，我们剔除了金融行业和房地产行业的样本，实证回归结果如第（2）列所示，满足倒"U"型的三个基本条件，与基准回归结果保持一致。此外，由于被解释变量发明专利部分观测值为零，即部分企业并未申请发明专利，为排除断尾数据的干扰，将零值数据剔除后重新进行检验。估计结果如第（3）列所示，对外直接投资速度平方项的系数显著为负，通过Utest检验，临界值（10.9735）的95%置信区间[9.4834, 12.4636]在样本区间内。因此，排除掉未进行发明专利申请的企业样本后，随着对外直接投资速度的增加，企业的技术创新绩效依然呈"先增加后减少"的趋势。

表5-6　　　　　　　　排除干扰的稳健性检验

变量	（1）	（2）	（3）
对外直接投资速度	0.1286*** (0.0443)	0.1075*** (0.0188)	0.1413*** (0.0232)
对外直接投资速度平方	−0.0078** (0.0027)	−0.0056*** (0.0014)	−0.0064*** (0.0013)
控制变量	是	是	是
企业固定效应	是	是	是
年份固定效应	是	是	是
行业固定效应	是	是	是
观测值	8179	11190	5661
R^2	0.1053	0.0793	0.1617
T	2.74***	2.66***	3.29***

注：T为Utest检验中的T统计量，***、**、*分别表示1%、5%、10%的显著性水平，括号内的数值表示行业层面聚类稳健标准误。

二、内生性讨论：2SLS和系统GMM

（一）工具变量法的2SLS估计

对外直接投资对企业技术创新的影响可能存在内生性问题，主要源自两个方面：一是存在遗漏变量问题；二是具有反向因果关系。在基准回归中我

第五章 | 对外直接投资速度与企业技术创新：基于非线性关系的检验

们控制了企业、省级和东道国层面可能影响对外直接投资的因素，以及企业、年份和行业的固定效应，尽可能地缓解了遗漏变量的问题。接下来，我们重点讨论由反向因果关系引致的内生性问题。对外直接投资通过一系列的路径影响企业技术创新，与此同时，企业技术创新绩效也可能会反向影响海外投资决策。例如，当企业的创新绩效较低时，一方面企业竞争力相对较弱，难以有效地开展海外扩张策略；另一方面为了突破创新发展瓶颈，获取更多的互补性资源，企业会积极选择海外投资。再者，大量的研究已证实全要素生产率高的企业才会选择对外直接投资（Melitz，2003；Helpman et al.，2004），田巍和余淼杰（2012）使用了浙江省制造业企业数据研究发现，生产率对企业对外直接投资的概率与投资量均具有显著的正向影响。为解决技术创新绩效是企业海外投资决策的重要参考这一反向因果关系导致的内生性问题，我们分别采用两阶段最小二乘法（2SLS）和广义矩估计（GMM）重新对基准回归结果进行估计。

寻找一个与对外直接投资相关但独立于技术创新的工具变量（IV），进行 2SLS 估计是控制内生性的通常做法。基准回归包含对外直接投资及其平方项，故而至少寻找两个工具变量，且满足相关性和外生性两个条件。

在国际贸易领域，通常选取各城市到海岸线的距离等地理因素，以及 1992 年末各城市的邮电局所数、电话机部数等历史因素作为对外贸易的工具变量（盛斌和毛其淋，2011；李坤望等，2014），不过地理因素引致的运输成本虽是影响企业"走出去"的重要因素，但更多地体现在对外贸易而非对外投资上。关于对外直接投资的影响因素主要包括母国与东道国的经济发展（蒋冠宏和曾靓，2020；孙好雨，2021）、政策引导（郭蕾和肖有智，2020；綦建红和张志彤，2021）、制度建设（王永钦等，2014；陈晓林和陈培如，2021；黄友星等，2021）等。其中，与母国相关因素或多或少会通过一些途径影响到企业的技术创新，而与东道国相关因素更符合外生性的基本条件。陈虹和陈韬（2018）选取东道国营商环境的 10 个子指标作为对外直接投资的工具变量，营商环境的 10 个子指标包括开办企业、申请建筑许可、获得电

· 109 ·

力供应、注册财产、获得信贷、投资者保护、缴纳税款、跨境贸易、合同执行和办理破产。企业跨国投资面临诸多的风险和不确定性，在东道国的经营管理和投资合作受到订立合同难以执行的困扰，营商环境的所有子指标都是企业是否选择对外直接投资的重要考量。然而，与其他子指标相比，企业跨国投资速度的选择更多地依据东道国企业（或机构）合同执行的效率。因此，本节借鉴陈虹和陈韬（2018）的研究，选取东道国合同执行效率[①]作为对外直接投资速度的工具变量。一方面，合同执行效率隶属于制度环境范畴，若一个国家（或地区）的合同执行效率越高，投资的合法权益得到的保护越多，面临的违约风险越小，则中国企业对该国（或地区）直接投资的意愿和强度越高，故满足相关性条件。另一方面，东道国合同执行效率与母国企业的技术创新绩效并无直接关系，可通过母国企业与东道国企业及其相关机构的投资合作而建立联系，故满足外生性条件。

再者，微观企业领域的研究通常选取内生解释变量在行业或地区层面的均值作为工具变量（Lin et al., 2012；林炜，2013），选择此类工具变量的前提为内生性只存在于企业层面（Lin et al., 2011）。本节在此基础上，将工具变量的数据层面拓展至国家领域，即选取2003~2019年中国对外直接投资流量取对数作为企业对外直接投资速度的工具变量。一方面，中国整体的对外直接投资情况反映了企业"走出去"政策与宏观层面上的对外投资状况，对企业的对外投资决策具有很强的参考价值和指导意义，故满足相关性条件。另一方面，企业层面的技术创新是依据自身技术发展战略，由企业技术部门与管理部门共同决策，且受企业经营状况的影响，与中国整体的对外直接投资流量无关，故满足外生性条件。

我们先进行了豪斯曼（Hausman）检验，检验结果显示拒绝原假设，认为解释变量内生。在此基础上，我们以对外直接投资速度及其平方项为内生解释变量，东道国合同执行效率和中国OFDI流量作为工具变量，进行2SLS估计。表5-7报告了2SLS的估计结果，第（1）、（2）列为第一阶段的回归

[①] 资料来源：世界银行营商环境数据库。

第五章 | 对外直接投资速度与企业技术创新：基于非线性关系的检验

结果，被解释变量分别为对外直接投资速度及其平方项，两个工具变量的系数均显著，表明工具变量与内生解释变量之间具有相关性。同时，过度识别检验认为工具变量外生，与扰动项不相关，F 统计量分别为 23.27 和 17.01①，都大于 10，说明不存在弱工具变量问题，工具变量有效。第（3）列为第二阶段的回归结果，对外直接投资速度的系数显著为正，其平方项的系数显著为负；在样本区间内最大值处的斜率显著为负，最小值处的斜率显著为正；临界值为 7.2460，其 95% 的置信区间 [5.7499, 8.7420] 在样本范围内。第（4）~第（6）列将解释变量替换为东道国广度后，进行 2SLS 估计的回归结果，与前（3）列在系数方向及其显著性上保持一致。因此，在克服了内生问题之后，对外直接投资速度对企业技术创新具有倒"U"型影响，与基准回归结果一致。值得注意的是，2SLS 估计的临界值小于基准回归，说明这种倒"U"型关系更加明显，但绝大部分的样本依然在临界值左边，即绝大部分中国企业对外直接投资依然显著地促进技术创新。

表 5-7　　　　　　　OFDI 速度与技术创新的 2SLS 结果

变量	第一阶段		2SLS	第一阶段		2SLS
	(1)	(2)	(3)	(4)	(5)	(6)
合同执行效率	0.0175*** (0.0036)	0.1395*** (0.0547)		0.0395*** (0.0046)	0.4148*** (0.0611)	
中国对外直接投资总额	4.0929*** (0.9496)	72.7160*** (15.1276)		4.9817*** (1.0224)	81.5821*** (13.2585)	
对外直接投资速度			1.2615*** (0.3542)			1.1125*** (0.3268)
对外直接投资速度平方			-0.0871*** (0.0265)			-0.0822*** (0.0272)
控制变量	是	是	是	是	是	是

---

① 限于篇幅，此处内容不详细展开，如有需要请直接联系作者。

续表

变量	第一阶段		2SLS	第一阶段		2SLS
	(1)	(2)	(3)	(4)	(5)	(6)
企业固定效应	是	是	是	是	是	是
年份固定效应	是	是	是	是	是	是
行业固定效应	是	是	是	是	是	是
观测值	11159	11159	11159	11159	11159	11159
R^2	0.2462	0.1312	−0.6203	0.4326	0.2623	−0.2806
T			2.93***			2.62***

注：①T为Utest检验中的T统计量，***、**、*分别表示1%、5%、10%的显著性水平，括号内的数值表示企业层面的聚类稳健标准误；②第（1）、（4）列的被解释变量为对外直接投资速度，第（2）、（5）列的被解释变量为对外直接投资速度的平方项。

（二）系统 GMM 估计

借鉴白俊红和刘宇英（2018）的研究，企业当期的技术创新受往期技术创新的影响，为了控制这种可能的动态效应，在（5-1）式的基础上，加入滞后1期和滞后2期的企业技术创新，构建的动态面板模型如下所示：

$$Inn_{i,t}=\beta_0+\beta_1 Inn_{i,t-1}+\beta_2 Inn_{i,t-2}+\beta_3 Ofds_{i,t}+\beta_4 Ofds_{i,t}^2+\gamma' X_{i,t}+v_i+\tau_t+\varepsilon_{i,t} \quad (5-2)$$

依据（5-2）式选取解释变量和被解释变量的滞后项作为工具变量，以及东道国合同执行效率和中国OFDI流量作为额外的工具变量进行系统GMM估计，进一步解决内生性问题。一致估计要求GMM方法中扰动项的差分不存在二阶及更高阶的自相关（陈强，2014），如表5-8所示，由Arellano-Bond序列相关检验中AR（1）和AR（2）的P值可知，GMM估计通过了自相关检验，Sargan检验结果表示所有的工具变量均有效。第（1）列中滞后1期和滞后2期的企业技术创新在1%的显著性水平上为正，表明企业的技术创新具有累积效应，往期的技术创新会影响当期的技术创新。对外直接投资速度及其平方项的系数再次验证了基准回归结果，即对外直接投资速度对技术创新具有倒"U"型影响，随着对外直接投资速度的增加，企业的技术创新呈"先增加后减少"的趋势。第（2）、（3）列分别将被解释变量和解释变量替换为专利申请总数和东道国广度,进行 GMM 估计,其估计结果与第(1)列保持一致。因此,克服内生性问题的 GMM 估计结果也证实了 OFDI 速度对企业技术创新具有倒"U"型的影响。

表 5-8　　　　　　　　　　GMM 估计结果

变量	(1)	(2)	(3)
技术创新滞后 1 期	0.5712*** (0.0276)	0.5522*** (0.0316)	0.5706*** (0.0266)
技术创新滞后 2 期	0.1892*** (0.0258)	0.1850*** (0.0275)	0.1971*** (0.0269)
对外直接投资速度	0.0758** (0.0305)	0.0710* (0.0399)	0.1675*** (0.0461)
对外直接投资速度平方	-0.0045*** (0.0017)	-0.0043* (0.0022)	-0.0084** (0.0034)
AR(1)	0.000	0.000	0.000
AR(2)	0.2350	0.4965	0.1699
Sargan 检验	0.7547	0.5970	0.7427
控制变量	是	是	是
企业固定效应	是	是	是
年份固定效应	是	是	是
观测值	7220	7220	7220

注:***、**、*分别表示 1%、5%、10%的显著性水平,括号内的数值表示行业层面聚类稳健标准误。

第四节　异质性分析

一、企业所有制性质的异质性分析

在政府的支持与约束下,国有企业跨国投资的优势与劣势并存。在 OFDI

初期，随着企业对外扩张速度的加快，国有企业凭借自身的交易成本优势，对OFDI技术创新绩效具有加强作用。然而，母国政府对国有企业提供资源支持与保护是有限的，当OFDI速度超过某一临界值后，国有企业的交易成本优势相对不明显，进而弱化OFDI速度对技术创新的促进作用。与此同时，国有企业的委托代理劣势随OFDI速度的增加而愈发明显，对技术创新产生一定的阻碍作用。由此推断，国有企业OFDI速度对技术创新的倒"U"型影响比非国有企业更明显。实证研究结果如表5-9所示，第（1）列为国有企业，第（2）、(3)列为非国有企业，第（1）、(2)列Chow检验的P值说明可以通过比较系数大小推断两者之间的差异。第（1）列中对外直接投资速度平方项的系数显著为负，Utest检验显示OFDI速度与技术创新之间呈显著的倒"U"型，临界值为8.4274，其95%的置信区间为［7.4057，9.4492］，处于样本区间［1，17.3333］之内。第（2）列中对外直接投资速度平方项的系数虽然在5%的显著性水平上为正，但是T统计量仅为0.84，未通过Utest检验，说明两者之间不存在"U"型关系。第（3）列中对外直接投资速度的系数在5%的显著性水平上为正。

表5-9　　　　　　　　　企业所有制性质的异质性检验

变量	国有企业	非国有企业	
	(1)	(2)	(3)
对外直接投资速度	0.2010** (0.0759)	−0.0179 (0.0173)	0.0188** (0.0088)
对外直接投资速度平方	−0.0119** (0.0045)	0.0025** (0.0011)	
控制变量	是	是	是
企业固定效应	是	是	是
年份固定效应	是	是	是
行业固定效应	是	是	是
观测值	4352	7606	7606

第五章 | 对外直接投资速度与企业技术创新：基于非线性关系的检验

续表

变量	国有企业	非国有企业	
	（1）	（2）	（3）
Chow 检验	0.0190**/0.0070***		
R^2	0.1522	0.0610	0.0605
T	2.54**	0.84	

注：①T 为 Utest 检验中的 T 统计量，***、**、*分别表示1%、5%、10%的显著性水平，括号内的数值表示行业层面聚类稳健标准误；②Chow 检验汇报的是组间系数差异的显著性。

以上实证检验结果显示，国有企业 OFDI 速度对技术创新的影响呈倒"U"型的非线性特征，而非国有企业 OFDI 速度对技术创新具有显著的正向影响。其原因主要在于：第一，海外投资项目的差异。国有企业往往开展规模更大、周期更长、耗时更久的项目，海外投资流向的国家越多，海外分支机构越庞大，国有跨国企业承担的制度风险越大。虽然政府为国有跨国公司海外投资保驾护航，但是一旦出现违约或合同终止等问题，国有跨国企业将面临更多的沉没成本。与之不同，非国有跨国企业海外投资项目一般规模较小，灵活性较强，一旦项目合约出现问题，可以灵活调整项目，及时撤资，将损失降到最低。第二，政策导向程度不同。国有跨国企业在获得政府支持的同时也受到政府的制约，政府为了实现政治目标往往会引导国有跨国企业海外投资（Cuervo-Cazurra et al.，2014），但这类海外投资的长期经济价值可能较低，对技术创新的持续助益动力不足。第三，海外投资的发展历程不同。尽管近年来国有与非国有企业 OFDI 几乎各占一半，但民营企业 OFDI 起步较早，累积占比尚不及国有企业①，对技术创新的倒"U"型影响可能尚未从数据样本中得以体现。因此，对外扩张速度并非越快越好，须结合企业自身特性和发展情况而定，尤其是国有企业，在跨国投资速度的选择上应更加谨慎，当企业海外扩张速度过快时，一旦出现违约或合同终止等问题，将面临

---

① 根据商务部发布的《中国对外直接投资统计公报》，2015~2019 年非国有企业占比分别为 49.6%、45.7%、50.9%、52.0%和49.9%，而 2012 年之前不足40%，2008 年之前不足30%。

诸多的沉没成本，只有适度的跨国投资速度才能持续助力于技术创新。

二、组织学习方式的异质性分析

组织学习方式分为探索式学习和挖掘式学习，探索式学习对新事物具有较高的敏感度，对新环境具有较高的适应性，善于发现新知识与新技术，并进行尝试、试验、探索与创新（朱朝晖，2008）。随着企业不断地加快海外投资步伐，探索式组织学习方式逐步提升跨国企业对新事物的感知能力，在多样化的东道国环境中有效地搜索和获取知识、技术等战略资源，加快对多元化新知识的吸收速度（Li and Yeh, 2017），加速创新路径的完善，并根据目标市场需求有针对性地创造新产品，进而加强对技术创新的促进作用。与前者不同的是，挖掘式学习则侧重于对现有知识体系的提炼与扩展，是一种延伸性的学习过程，通过对外部资源的整合逐步实现渐进式创新，但难以突破固有的发展路径（衣长军等，2018）。在海外投资初期，挖掘式组织学习方式促使跨国企业在国际市场中综合利用多种资源来促进技术创新。然而，随着OFDI速度的加快，跨国企业的海外子公司越多、东道国范围越广，众多海外子公司之间的协调难度逐渐上升。多元化的东道国涌现过多的、繁杂的新知识与新文化，这种复杂度一旦超出挖掘式学习的吸收与整合能力范围，将难以有效提升跨国企业的技术创新绩效。因此，鉴于探索式和挖掘式组织学习方式在研发过程中的作用路径不一，两者在企业对外直接投资对技术创新的影响上存在差异，与探索式组织学习方式相比，在挖掘式组织学习方式下，企业OFDI速度促进技术创新的持久性更差，这种正向影响消失得更快。

我们参照蔡灵莎等（2015）、衣长军等（2018）的做法，将组织学习分为探索式学习和挖掘式学习两种方式，若海外子公司以技术咨询与研发为经营范围，则界定为探索式学习，赋值为1；否则界定为挖掘式学习，赋值为0。由于组织学习为虚拟变量，这里将样本按照组织学习方式分组，分别进行实证检验。表5-10中，Chow检验表明可以通过比较系数大小推断两者之间的差异，由第（1）、（2）列可知，探索式组织学习方式下，对外直接投资速度平方项的系数显著为负；在1%的显著性水平上拒绝Utest检验的原假设，即对外直接投资速度最小值与最大值的斜率符号相反且显著；临界值为10.5929，其95%的置信区间为[8.3657, 12.8201]，处于样本区间之内。在挖掘式组织学习方式下，对外直接投资速度对技术创新的影响也满足倒"U"型关系的三个判断条件，与探索式组织学习方式不同之处在于：一是Utest检验的T值略小；二是临界值更低，仅达到6.7033。以上回归结果表明，无论是何种组织学习方式，企业OFDI速度都对技术创新产生倒"U"型的影响，且探索式组织学习方式下企业OFDI速度对技术创新的影响"由正转负"的临界值更大。也就是说，与挖掘式组织学习方式相比，在探索式组织学习方式下，更快的OFDI速度依然能够促进企业技术创新。由此可以推断，探索式组织学习方式使跨国企业在东道国探索新技术，创造新产品，克服外来者劣势，进而持续地提升跨国企业的技术创新；而采取挖掘式组织学习方式的跨国企业过度依赖自身以及东道国市场的资源，这种路径依赖并不利于长期技术创新。简言之，与挖掘式组织学习方式相比，采取探索式组织学习方式的企业OFDI对技术创新的提升效应更优。

表5-10　　　　　　组织学习方式异质性的实证检验结果

变量	探索式组织学习 (1)	挖掘式组织学习 (2)
对外直接投资速度	0.1926*** (0.0417)	0.0345** (0.0143)
对外直接投资速度平方	-0.0091*** (0.0024)	-0.0026*** (0.0008)
控制变量	是	是
企业固定效应	是	是
年份固定效应	是	是
行业固定效应	是	是
观测值	2354	9604

续表

变量	探索式组织学习 (1)	挖掘式组织学习 (2)
Chow 检验	\multicolumn{2}{c}{0.0480**/ 0.0160**}
R^2	0.1817	0.0621
T	2.57**	2.22**

注：①T 为 Utest 检验中的 T 统计量，***、**、*分别表示1%、5%、10%的显著性水平，括号内的数值表示行业层面聚类稳健标准误；②Chow 检验汇报的是组间系数差异的显著性。

三、投资动机的异质性分析

对外直接投资按照投资动机可分为技术寻求型、市场寻求型、资源寻求型等类型（毛其淋和许家云，2014；姚树洁等，2014）。这里依据企业的投资区位，将样本分为技术寻求型、市场寻求型、资源寻求型和其他类型对外直接投资，并对前三种类型分别进行实证检验。如表 5-11 所示，第（1）、（2）列为技术寻求型对外直接投资，第（1）列中对外直接投资速度平方项的系数显著为负，但 T 统计量太小并未通过 Utest 检验，说明两者之间不存在显著的倒"U"型关系；第（2）列中对外直接投资速度的系数在1%的显著性水平上为正。估计结果说明，技术寻求型 OFDI 速度对技术创新产生显著的积极影响，这类企业在国际市场中，积极寻求与拥有高端技术的企业（或机构）进行合作，主动学习先进技术，不断获取互补性研发资源，累积研发经验，为自主研发奠定基础。

表 5-11　　　　　对外直接投资动机的异质性回归结果

变量	技术寻求型		资源寻求型	市场寻求型	
	(1)	(2)	(3)	(4)	(5)
对外直接投资速度	0.0879*** (0.0246)	0.0479*** (0.0119)	0.3112*** (0.0600)	0.3235 (0.3099)	-0.0725 (0.1315)
对外直接投资速度平方	-0.0028* (0.0015)		-0.0128** (0.0043)	-0.0613* (0.0314)	

第五章 | 对外直接投资速度与企业技术创新：基于非线性关系的检验

续表

变量	技术寻求型		资源寻求型	市场寻求型	
	（1）	（2）	（3）	（4）	（5）
控制变量	是	是	是	是	是
企业固定效应	是	是	是	是	是
年份固定效应	是	是	是	是	是
行业固定效应	是	是	是	是	是
观测值	2716	2716	1231	293	293
R^2	0.1294	0.1292	0.2116	0.4420	0.4409
T	0.27		1.35*	0.80	

注：T 为 Utest 检验中的 T 统计量，***、**、* 分别表示 1%、5%、10%的显著性水平，括号内的数值表示行业层面聚类稳健标准误。

第（3）列为资源寻求型对外直接投资，平方项系数显著为负；拒绝 U-test 检验的原假设，对外直接投资速度最大值处的斜率显著为负，最小值处斜率则显著为正；临界值为 12.1903，其 95% 的置信区间为 [8.0050, 16.3756]，处于样本区间之内。由此判断，资源寻求型 OFDI 对技术创新的影响呈倒"U"型，这类跨国企业在东道国获取互补性资源，用于企业的研发和生产过程，打破因资源短缺而无法向高端技术迈进的瓶颈，但这种积极影响的边际效应递减。第（4）、（5）列为市场寻求型 OFDI，第（4）列未通过 Utest 检验，第（5）列系数并不显著，说明市场寻求型 OFDI 对企业技术创新并无统计意义上的显著影响。理论上，市场寻求型 OFDI 能够扩大企业的市场份额，增加跨国企业利润，为技术创新提供资金与发展空间，国内企业可以集中有限资源开发新产品与新技术。之所以在统计上并不存在显著的影响，可能的原因：一是市场寻求型 OFDI 旨在增加企业利润，但利润在研发活动中的分配受到其他多种因素的制约，进而难以确定此种类型 OFDI 对技术创新的影响方向；二是在我们的样本中，市场寻求型 OFDI 的样本量过小，估计的自由度损失过大，可能造成估计结果的偏差。

第五节 机制分析

  企业选择对外直接投资，或转移创新部门学习高端技术，或转移生产部门为企业研发提供空间和动力，由此跨国企业利用国内和国际两个市场、两种资源，更容易获得企业研发和生产所需的互补性资源，从而激发了企业的创新动力，增加了研发投入，提升了企业研发效率与资源配置效率。在第四章的机制分析中，我们发现企业对外直接投资的确能够增加研发投入、提高研发效率与资源配置效率。本节将从对外直接投资速度的角度进行机制分析，作为第四章中机制分析的一种补充。在本章的基准回归中，对外直接投资速度对技术创新的影响呈倒"U"型，临界值为9.1983，且95%以上的样本在临界值左边，为了更多地补充第四章的机制分析以及分析实证结果的方便，这里剔除了大于临界值的样本。为了避免可能存在的内生性问题，增强实证检验结果的准确性，本节延续内生性讨论章节的做法，依然选取东道国合同执行效率作为对外直接投资速度的工具变量，进行2SLS估计。

  研发投入、研发效率和资源配置效率的衡量指标详见第四章第五节，这里不再赘述。实证回归结果如表5-12所示，第（1）、（3）、（5）列合同执行效率的系数均在1%的显著性水平上为正，F统计量分别为25.40、17.70、29.49[①]，都大于10，说明不存在弱工具变量问题。第（2）列的被解释变量为研发投入，对外直接投资速度的系数为负但不显著，说明OFDI速度对研发投入的影响并不明显，表明随着OFDI速度的增加，企业增加研发投入的动力不足。一个重要的原因，OFDI对国内资本形成一种挤压效应，随着对外扩张速度的加快，这种挤压程度逐渐加深，影响国内企业的投融资效率，进而不利于企业增加研发投入。第（4）列的被解释变量为研发效率，

---

① 限于篇幅，此处内容不详细展开，如有需要请直接联系作者。

第五章 | 对外直接投资速度与企业技术创新：基于非线性关系的检验

对外直接投资速度的系数在5%的显著性水平上为正，表明随着不断扩大海外投资步伐，跨国企业在海外市场中不断获取互补性研发资源，提升了研发效率，降低了单位研发成本，进而不断提升技术创新绩效。第（6）列的被解释变量为资源配置效率，对外直接投资速度的系数在5%的显著性水平上为正，表明随着不断加快海外投资速度，企业不断地减少资源错配程度，逐步优化资源配置。结合上述2SLS估计结果和第四章的机制分析可以推断，企业选择OFDI显著增加了企业的研发投入，提高了研发效率和资源配置效率，进而促进了企业技术创新。随着对外直接投资速度的加快，企业部分研发资本被挤出，对外直接投资对研发投入的促进效应并不明显，但依然能够提高研发效率、优化资源配置，从而提升企业的自主创新能力。

表5-12　　对外直接投资影响技术创新的机制检验结果

变量	第一阶段(1)	2SLS(2)	第一阶段(3)	2SLS(4)	第一阶段(5)	2SLS(6)
对外直接投资速度		-0.2198 (0.1807)		2.7306** (1.3795)		0.1880** (0.0805)
合同执行效率	0.0145*** (0.0029)		0.0176*** (0.0041)		0.0146*** (0.0027)	
控制变量	是	是	是	是	是	是
企业固定效应	是	是	是	是	是	是
年份固定效应	是	是	是	是	是	是
行业固定效应	是	是	是	是	是	是
观测值	7780	7780	5258	5258	9220	9220
R^2	0.2978	0.2407	0.2915	-0.0540	0.3053	0.3436

注：T为Utest检验中的T统计量，***、**、*分别表示1%、5%、10%的显著性水平，括号内的数值表示行业层面聚类稳健标准误。

第六节 进一步分析

一、进一步分析：创新质量

前面主要关注了企业对外直接投资速度对以发明专利数量为表征的技术创新的影响，而技术创新不仅体现在专利数量的增长上，而且体现在专利质量的提升上（Aghion et al.，2005）。专利质量是创新质量的主要表现形式之一，借鉴既有研究关于创新质量的做法，这里采用两种测度方法。一是专利引用数量取对数（Pat_cite），企业申请专利被引用的次数越多，表示该企业的创新质量越高（Hsu et al.，2014）；二是专利知识宽度（$Know\_width$），该指标越高表示专利中所包含的知识类别越广、越复杂，其创新成果被模仿、改进和替代的难度越大（Aghion et al.，2019）。借鉴张杰和郑文平（2018）的研究，专利知识宽度采用专利 IPC 分类号中大组层面的赫芬达尔—赫希曼指数（HHI）的基本逻辑进行加权来衡量，其计算公式如下：

$$Know\_width = 1 - \sum \alpha^2 \qquad (5-3)$$

其中，α 表示被引用的专利 IPC 分类号中各大组分类所占比重[①]。然后按照均值法和中位数法加总到企业层面。既有研究多采用申请专利的分类号，这里则选取被引用的专利分类号进行计算。主要原因有：一是与申请专利相比，被引用专利更能体现专利的有效性；二是专利引用数量和专利知识宽度分别从深度和广度视角来测度创新质量，前者注重企业创新的实用性与经济价值，后者则侧重知识的广泛度和复杂度以及创新成果被替代的难度（Akcigit et al.，2016），为了更好地对比创新质量的深度与广度，选取被引用

[①] IPC 分类号一般采取"部—大类—小类—大组—小组"的格式，由于大组层面所体现的知识信息具有显著差异，而在小组层面基本相同。因此，借鉴张杰和郑文平（2018）的研究，我们采用大组层面分类来计算专利知识宽度。

专利来计算知识宽度更佳。专利引用数据与 IPC 专利分类号相关信息来源于 CNRDS 数据库。

对外直接投资速度对企业创新质量的影响如表 5-13 所示，第（1）、（2）列的被解释变量为以专利被引用次数为表征的创新质量深度，其中，第（1）列为企业当年专利被引用次数取对数，第（2）列为企业各年累计的专利被引用次数取对数。在这两列中，对外直接投资速度的系数显著为正，其平方项的系数显著为负；样本最大值与最小值处的斜率显著且方向相反；临界值分别为 11.6981 和 10.84335，其 95% 的置信区间均在样本范围内。因此，OFDI 速度对企业创新质量深度产生倒"U"型的影响。从数据样本的统计上看，绝大多数的样本小于临界值，说明目前而言，中国企业 OFDI 速度对创新质量深度的影响以正向效应为主。第（3）、（4）列被解释变量为以被引用专利知识宽度衡量的创新质量广度，分别利用均值法和中位数法计算而得。两个模型中对外直接投资速度及其平方项均不显著，表明 OFDI 速度对企业创新质量广度并未产生显著的影响。此外，我们也检验了对外直接投资速度对企业创新质量广度的线性影响，第（5）、（6）列中对外直接投资速度的系数依然不显著。以上实证研究结果表明，中国企业 OFDI 速度有利于提升以专利引用为表征的创新质量，但对以专利知识宽度为表征的创新质量的提升效应并不明显。毕竟，在国际市场中，中国 OFDI 以与同行业企业合作为主，研发与经营范围也以延续该领域技术的领先地位为目标，更容易实现创新质量深度的突破，增强专利的实用性和引用量，增加经济价值。

表 5-13　　OFDI 速度影响创新质量的实证检验结果

变量	创新质量深度		创新质量广度			
	（1）	（2）	（3）	（4）	（5）	（6）
对外直接投资速度	0.1972*** (0.0370)	0.1710*** (0.0405)	0.0053 (0.0052)	−0.0013 (0.0082)	0.0002 (0.0022)	−0.0046 (0.0035)
对外直接投资速度平方	−0.0084*** (0.0020)	−0.0079*** (0.0022)	−0.0003 (0.0003)	−0.0002 (0.0005)		

续表

变量	创新质量深度		创新质量广度			
	(1)	(2)	(3)	(4)	(5)	(6)
控制变量	是	是	是	是	是	是
企业固定效应	是	是	是	是	是	是
年份固定效应	是	是	是	是	是	是
行业固定效应	是	是	是	是	是	是
观测值	9130	9130	8257	8257	8257	8257
R^2	0.6279	0.8361	0.0441	0.0466	0.0439	0.0466
T	2.68 ***	2.84 ***	0.93			

注：T 为 Utest 检验中的 T 统计量，***、**、* 分别表示1%、5%、10%的显著性水平，括号内的数值表示省份层面聚类稳健标准误。

二、进一步分析：非对称影响

本节延续第四章第六节的分析，从 OFDI 速度视角继续探索逆技术梯度和顺技术梯度 OFDI 引致的非对称影响。东道国的创新能力依然采用平均居民专利申请数量来衡量，并依据该指标的均值将总样本划分为高创新能力与低创新能力两个子样本。实证检验结果如表 5-14 所示，三组 Chow 检验结果显示，可以通过比较系数大小来推断组间差异。第（1）列为高创新水平样本的回归结果，对外直接投资速度平方项的系数显著为负；Utest 检验拒绝原假设，即对外直接投资速度最小值和最大值的斜率相反且显著；临界值为10.5045，其95%的置信区间为［9.6280，11.3811］，处于样本区间之内。第（2）列为低创新水平样本的回归结果，同样满足倒"U"型的三个假设条件，但临界值比第（1）列小，达到9.1778。以上回归结果说明，中国企业跨国投资无论流向高创新水平的东道国，还是低创新水平的东道国，都对技术创新产生倒"U"型的影响，但投资于高创新水平的东道国，对技术创新的提升效应持续性更强。

第五章 对外直接投资速度与企业技术创新：基于非线性关系的检验

表 5-14　　　对外直接投资影响技术创新的非对称回归结果

变量	高创新 (1)	低创新 (2)	高创新 (3)	低创新 (4)	高收入 (5)	低收入 (6)
对外直接投资速度	0.1908*** (0.0470)	0.0751* (0.0358)	0.1172*** (0.0197)	0.0272* (0.0150)	0.0345** (0.0133)	0.0328* (0.0165)
对外直接投资速度平方	−0.0091*** (0.0025)	−0.0041** (0.0017)				
控制变量	是	是	是	是	是	是
企业固定效应	是	是	是	是	是	是
年份固定效应	是	是	是	是	是	是
行业固定效应	是	是	是	是	是	是
观测值	3774	8184	3643	7880	8840	2683
R^2	0.1236	0.0673	0.1246	0.0624	0.0724	0.1113
Chow 检验	0.0480**/0.0280**		0.0010***		0.0880*	
T	3.04***	2.05**				

注：①T 为 Utest 检验中的 T 统计量，***、**、* 分别表示 1%、5%、10%的显著性水平，括号内的数值表示行业层面聚类稳健标准误；②Chow 检验汇报的是组间系数差异的显著性。

为了更好地呈现这种非对称影响，增强与第四章第六节的连续性，且鉴于绝大多数样本小于基准回归的临界值，这里剔除了大于基准回归临界值的样本，来探讨在逆技术梯度和顺技术梯度两种情况下，OFDI 速度对企业技术创新的线性影响。依然依据东道国创新能力的均值，将总样本分为高、低创新水平两个子样本，第（3）列为高创新水平样本的回归结果，对外直接投资速度的系数为 0.1172，在 1%的显著性水平上显著；第（4）列为低创新水平样本的回归结果，对外直接投资速度的系数为 0.0272，在 10%的显著性水平上显著。对比两者的系数大小和显著性可知，企业投资于高创新水平与低创新水平的东道国，OFDI 速度都可以促进技术创新，但与投资于低创新水平的东道国相比，企业投资于高水平的东道国，其 OFDI 速度对技术创新产生的正向影响更大。

此外，依据企业对外投资涉及东道国的人均 GDP 的均值，我们将总样本划分为高收入和低收入两个子样本，并剔除大于基准回归临界值的样本，进行线性回归检验。第（5）列为高收入地区样本的回归结果，对外直接投资速度的系数为 0.0345，在 5% 的显著性水平上显著；第（6）列为低收入地区样本的回归结果，对外直接投资速度系数为 0.0328，在 10% 的显著性水平上显著。高收入样本的系数略大于低收入样本，且显著性水平更低，表明跨国企业的投资流向高收入国家比低收入国家对技术创新的促进效应更优。

结合以上三组回归结果，我们认为企业无论开展流向高技术、高收入地区的逆技术梯度的 OFDI，还是开展流向低技术、低收入地区的顺技术梯度的 OFDI，都对技术创新具有倒"U"型的影响，且逆技术梯度 OFDI 对技术创新的正向影响效应消失得更慢。在 OFDI 速度对企业技术创新的线性影响检验中，与顺技术梯度相比，逆技术梯度 OFDI 速度对技术创新的正向效应更强。这就有效地补充了第四章第六节关于非对称影响的探讨，也再次验证了理论命题 3 的真实性。

结合第三章的理论分析和实证检验结果得到的这种非对称影响，可能还存在一些有待后续解决的问题：一是在理论分析中，逆技术梯度和顺技术梯度的 OFDI 所面临的东道国条件不同，为了增强可比性，我们增加了比较严格的假设条件。二是在现实中，我国企业 OFDI 流向不同经济发展水平的东道国，其投资动机不尽一致，投资步伐也存在差异，这虽然可以体现在实证回归结果中，但难以全面地刻画在数理模型中。三是在实证分析中，并未严格按照国际标准划分东道国的经济发展水平，因企业对外直接投资流向多个国家，既包括高收入国家也包括低收入国家，若仅考虑投资于同一收入水平的东道国的样本，将导致样本损失，产生估计结果偏差。

第七节 小　　结

以我国为代表的新兴国家并不具备发达国家的垄断优势，但凭借自身的

第五章 | 对外直接投资速度与企业技术创新：基于非线性关系的检验

所有权优势扩展海外投资范围，经历了多年的技术探索，在创新投入和创新产出上实现了新突破，在国际上占据着一定的领先位置。在当前构建新发展格局的背景下，中国立足于国内大循环，凭借国际、国内双循环努力实现跨越式发展。第四章经多期 DID 模型的实证检验发现，企业选择 OFDI 有利于提升技术创新，论证了理论命题 1 的真实性。本章在第四章的基础上，继续使用 2003~2019 年中国 A 股上市公司的面板数据，探究 OFDI 速度对企业技术创新的非线性影响，即实证检验理论命题 2。通过构建包含 OFDI 速度平方项的计量模型，得到的主要结论如下所示。

第一，OFDI 速度对技术创新影响并非简单的线性关系，而是倒"U"型的非线性关系，即随着企业不断地加快 OFDI 速度，技术创新呈现"先增加后减少"的变化趋势。以中国 OFDI 流量和东道国合同执行效率为工具变量的 2SLS 估计、系统 GMM 估计以及一系列稳健性检验支持了上述研究结论。结合样本的统计描述，发现绝大多数的样本位于临界值的左侧，即绝大多数的我国跨国企业 OFDI 速度对技术创新产生边际递减的正向影响，证实了理论命题 2 的真实性。

第二，OFDI 速度对企业技术创新的影响呈现企业所有制、组织学习方式、投资动机的异质性特征。具体而言，国有企业 OFDI 速度对技术创新产生显著的倒"U"型影响，非国有企业 OFDI 速度则显著地促进了技术创新。在探索式和挖掘式组织学习方式下，OFDI 速度对企业技术创新的影响都呈倒"U"型，但探索式组织学习方式对技术创新的积极影响更持久。技术寻求型 OFDI 速度显著促进了企业技术创新，资源寻求型 OFDI 速度对企业技术创新的影响呈倒"U"型，市场寻求型 OFDI 速度对技术创新并无统计学意义上的显著影响。

第三，逆技术梯度和顺技术梯度 OFDI 对企业技术创新具有非对称的影响。尽管两种 OFDI 都对企业技术创新产生倒"U"型的影响，但是逆技术梯度 OFDI "由正转负"的临界值大于顺技术梯度。另外，剔除了高于基准回归临界值的样本后发现，逆技术梯度 OFDI 对技术创新的正向影响明显大于顺技术梯度 OFDI。这一结论补充了第四章关于非对称影响的分析，两者共同论证了理论命题 3 的真实性。

第四，OFDI 速度的技术创新效应主要通过提升研发效率和资源配置效率来实现，而 OFDI 速度对于增加研发投入的动力并不明显。具体地，随着海外投资步伐的加快，企业逐渐提升学习、模仿先进知识与高端技术的效率，不断地累积互补性研发资源，提高了研发效率和创新成功的可能性，进而实现技术创新的跃迁。同时，企业持续累积互补性生产资源，不断地优化资源配置，减少资源错配的可能性，进而提升技术创新水平。然而，随着企业 OFDI 速度的加快，挤出了部分研发资本，因而研发投入的增加并不明显。

第五，OFDI 速度对创新质量深度和广度的影响存在差异。OFDI 速度对以专利引用数量为表征的创新质量深度产生倒"U"型影响，对以专利知识宽度为表征的创新质量广度的影响并不显著。这也说明，通过对外直接投资参与国际大循环，跨国企业在技术创新的实用性和经济价值上实现了突破，在技术创新复杂度上的改进并不明显。

第六章 对外直接投资速度、制度距离与企业技术创新

近年来国际形势日趋复杂，企业对外直接投资不可避免地面对差异化的制度环境，而制度环境在企业创新决策中发挥着激励与约束并存的重要作用。相近的制度环境意味着跨国企业承担较少的外来者劣势，也意味着难以接触到更多元的知识结构和创新体系。在第三章的理论分析中，经数理推导得出，正式制度距离削弱了 OFDI 对企业技术创新的正向影响，非正式制度距离则加强了这种正向影响。在第五章的实证检验中，OFDI 速度对企业技术创新的影响呈倒"U"型。在此基础上，本章重点探究制度距离发挥的调节效应，并关注正式与非正式制度距离的调节效应的异同，实证检验理论命题4和5。

第一节 模型设定与变量描述

一、数据来源与计量模型设定

本章延续第四章和第五章的数据样本，依然使用 2003~2019 年中国 A 股上市公司的面板数据。在第五章构建的计量模型（5-1）的基础上，将制度距离变量与解释变量以交互项的方式加入其中，构建了如下模型：

$$Inn_{i,t} = \beta_0 + \beta_1 Ofds_{i,t} + \beta_2 Ofds_{i,t}^2 + \beta_3 Ofds_{i,t} \times Dins_{i,t} + \beta_4 Ofds_{i,t}^2 \\ \times Dins_{i,t} + \beta_5 Dins_{i,t} + \gamma' X_{i,t} + v_i + \tau_t + \lambda_j + \varepsilon_{i,t} \quad (6-1)$$

其中，$Inn_{i,t}$ 表示 t 时期 i 企业的技术创新程度；$Ofds_{i,t}$ 表示 t 时期 i 企业

对外直接投资；$Ofds_{i,t}^2$ 为企业对外直接投资的平方项；$Dins_{i,t}$ 表示 t 时期 i 企业对外直接投资的东道国与中国之间的制度距离；X 为一系列控制变量，即可能影响企业技术创新的其他因素；v_i、τ_t、λ_j 分别表示企业、年份和行业固定效应；$\varepsilon_{i,t}$ 为随机扰动项。

二、变量描述

被解释变量为技术创新（Inn），与第四章和第五章所用的指标一致，选取中国研究数据服务平台（CNRDS）统计的发明专利数量取对数（$Patli$）来衡量，在稳健性检验中另用专利申请总量取对数。

解释变量为对外直接投资速度（$Ofds$）及其平方项（$Ofds^2$），为了更好地呈现企业跨国投资的地域广度，借鉴黄远浙等（2021）的研究，选用企业跨国投资的东道国广度作为主要的解释变量，即企业 i 首次 OFDI 到 t 时期累积涉及的东道国数量。该指标从 OFDI 的市场范围的角度诠释企业海外扩张速度，基础数据来源于国泰安（CSMAR）海外直接投资数据库。

调节变量为中国与东道国的制度距离（$Dins$），制度距离不仅体现在具体的法律、法规、政策等正式制度上，也体现在风俗习惯、文化传承等非正式制度上。鉴于两者从不同侧面反映了制度环境的差距，本章从正式制度距离与非正式制度距离两个角度来测度中国与东道国的制度距离。在正式制度距离上，我们借鉴王瑞和王永龙（2017）、谢孟军等（2017）、张一力等（2018）的研究，选取政治治理作为正式制度的主要代理变量，该指标为世界银行发布的政治治理指标，包含 6 个子指标，分别为话语权和问责、政府稳定、政府效能、监管质量、法治程度和腐败控制，该指标取值范围为 -2.5 ~ 2.5 分，得分越高表示政治治理水平越高，制度质量越好。为了更全面地阐释正式制度，稳健性检验另用经济制度指标，参考已有研究（范爱军和罗璇，2009；Jones and Stroup，2013；郭卫军和黄繁华，2019）的做法，采用弗雷泽研究所（Fraser Institute）公布的经济自由化指数来衡量。该指标的取值范围为 0 ~ 10 分，得分越高表示经济自由化程度越高，制度质量越好。非正式制度距离采用霍夫斯泰德文化指数（Hofstede，1980）距离来衡量，借鉴潘镇等（2008）的研究，所用到的子指标分别为权利距离指数、个人主义指数、男权主义指数和不确定性规避指数①。

制度距离指标越小表示中国与东道国的制度距离越近，反之则越远。得到以上制度指标或子指标后，借鉴衣长军等（2018）的研究，采用距离指数公式（Kogut and Singh，1988）计算制度距离：

$$Dins_i = \sum_{j=1}^{n} [(Ins_{ij} - Ins_{cj})^2/V_j]/n \qquad (6-2)$$

其中，$Dins_i$ 表示中国与东道国 i 之间的制度距离，Ins_{ij} 表示东道国 i 第 j 项制度子指标，Ins_{cj} 表示中国第 j 项制度子指标，V_j 表示第 j 项制度子指标的方差，i 表示东道国，j 表示子指标，c 表示中国，n 表示制度子指标总数。

控制变量如表6-1所示，企业、省级层面的变量与前两章一致。由于在检验制度距离的调节效应时，已加入了制度距离变量（见（6-1）式），东道国层面仅控制人均GDP和地理距离两个指标。与第四章检验对外直接投资对企业技术创新的影响类似，依然选取2003~2019年中国A股上市公司的面板数据作为样本，行业信息参照《上市公司行业分类指引（2012年修订）》，并对数据进行如下处理：（1）剔除了投资于避税天堂和被ST或*ST的企业样本；（2）剔除了资不抵债、关键变量缺失、存在异常的企业样本；（3）将受价格趋势影响的变量折算成2003年不变价格；（4）对所有连续变量上下1%的极端值部分进行缩尾处理。最终得到的样本总量为11787。以上所有被解释变量、解释变量、制度变量以及控制变量的统计性描述如表6-2所示。

表6-1　　　　　　　　　主要控制变量的测度与描述

变量名称	表示方法	变量描述
企业年龄	Age	企业成立以来的年数（单位：年）

---

① 由于长期取向指数和自身放纵与约束指数缺失严重，剔除未用；借鉴衣长军等（2018）的处理方法，中亚五国的文化指数用俄罗斯的数据填补。

续表

变量名称	表示方法	变量描述
净资产收益率	Roe	企业净利润与股东权益余额的比值
资本结构	Lev	企业每年资产负债率（负债总额与资产总额的比值）
所得税率	Tax	企业每年所得税费用与税前利润总额的比值
股权集中度	Right	企业每年前十名股东持股比例之和
资本强度	Capt	企业每年的总资产（单位：亿元）与员工人数的比值
政府补贴	Govsu	企业每年的政府补贴占总资产的比例
劳动生产率	Labor	企业每年主营业务收入（单位：亿元）与员工人数的比值
经济发展水平	Lngdp	各省GDP总量（单位：亿元）取对数
外商直接投资	Lnfdi	各省外商直接投资总额（单位：百万美元）取对数
人均GDP	Lnpgdp	东道国的人均GDP均值（单位：美元）取对数
地理距离	Lndist	四个地理距离指标的均值（单位：千米）取对数

表6-2　　　　　　　　　　主要变量的统计性描述

变量	样本量	均值	标准差	最小值	最大值
技术创新	11787	1.0445	1.3688	0	4.9767
对外直接投资速度	11787	2.3205	2.2061	1	13
正式制度距离	11787	9.8836	3.4221	0.6474	16.2212
非正式制度距离	11787	2.4356	2.2740	0.5731	9.5145
企业年龄	11787	15.7512	5.8499	3	30
净资产收益率	11787	0.0647	0.1314	-0.7949	0.3217
资本结构	11787	0.4538	0.2064	0.0536	0.9252
所得税率	11787	0.1260	0.1650	-0.5399	0.8387
股权集中度	11787	59.8328	15.8053	22.2900	92.0200
资本强度	11787	0.0329	0.0693	0.0019	0.5083

续表

变量	样本量	均值	标准差	最小值	最大值
政府补贴	11787	0.0018	0.0039	0	0.0231
劳动生产率	11787	13.1228	21.4430	1.0019	150.2353
经济发展水平	11787	10.1132	0.7337	7.3453	11.1582
外商直接投资	11787	12.1869	1.1954	7.8438	14.0822
人均GDP	11787	10.3955	0.5907	5.7463	11.4309
地理距离	11787	8.1606	0.7486	6.9282	9.8627

第二节 基准回归结果

一、正式制度距离的基准回归结果

(一) 综合指标的回归结果

在第三章的理论分析中，中国与东道国的制度距离是影响企业海外投资技术创新绩效的重要因素。其中，正式制度距离增加了海外投资项目的风险与不确定性，提高了一系列交易成本，对跨国企业的研发学习和生产经营效率产生一定阻碍作用，降低了 OFDI 对企业研发效率和资源配置效率的提升效应，进而削弱了 OFDI 速度对企业技术创新的正向影响。关于正式制度距离调节效应的实证检验结果如表 6-3 所示，第（1）列以中国与东道国的正式制度（政治治理）距离为调节变量，对外直接投资速度平方与正式制度距离交互项的系数在 1% 的显著性水平上为 0.0006，对外直接投资速度平方项的系数在 1% 的显著性水平上为 -0.0097，两者系数的符号相反，说明正式制度距离在 OFDI 对企业技术创新的倒 "U" 型影响中具有显著的负向调节效应。根据估计结果中各主要变量的系数及数据样本的统计性描述，绘制了正式制度距离的调节图（见图 6-1）。结合估计结果和调节图可以看出，无论中国与东道国的正式制度距离较大还是较小，随着 OFDI 东道国广度的扩张，企业技术创新绩效呈边际递减的增加趋势①,且当正式制度距离较小时,企业技术创新的增加趋势更加陡峭,表明在与中国正式制度距离相近的东道国,企业 OFDI 速度对技术创新产生的正向影响效应更大。

表 6-3　　　　　　　　正式制度距离的基准回归结果

变量	正式制度距离	高正式制度距离	低正式制度距离	
	(1)	(2)	(3)	(4)
对外直接投资速度	0.1537*** (0.0277)	0.1175*** (0.0249)	0.0980*** (0.0198)	0.0297** (0.0134)
对外直接投资速度平方	-0.0097*** (0.0015)	-0.0128** (0.0055)	-0.0052** (0.0020)	
制度距离	0.0040 (0.0028)	-0.0323*** (0.0107)	0.0171*** (0.0051)	0.0143*** (0.0049)
对外直接投资速度×制度距离	-0.0070*** (0.0019)			
对外直接投资速度平方×制度距离	0.0006*** (0.0002)			
控制变量	是	是	是	是
企业固定效应	是	是	是	是
年份固定效应	是	是	是	是
行业固定效应	是	是	是	是
观测值	11787	6197	5590	5590
R^2	0.0796	0.0860	0.0877	0.0859
T		1.75**	0.99	

注:***、**、*分别表示1%、5%、10%的显著性水平,括号内的数值表示企业层面的聚类稳健标准误。

---

① 由于绝大多数样本位于临界值的左边,因此依据样本绘制的调节效应图呈现的仅仅是倒"U"型关系的左半部分,即边际递减的增加趋势。

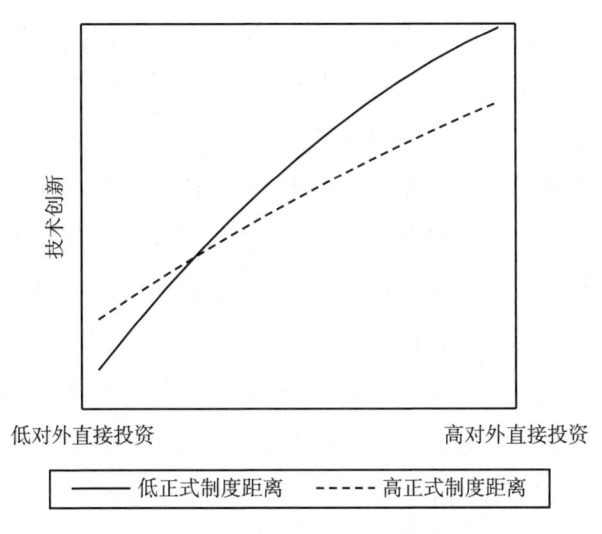

图 6-1 正式制度距离的调节效应图

资料来源：作者自行绘制。

为了进一步证实正式制度距离的调节效应，我们依据正式制度距离指标的样本中位数，将高于中位数的样本视为高正式制度距离，反之则视为低正式制度距离，利用两个子样本分别检验 OFDI 速度对企业技术创新的影响。实证检验结果见表 6-3 第（2）~第（4）列，第（2）列为基于高正式制度距离样本的估计结果，对外直接投资速度平方项的系数显著为负，Utest 检验在 5% 的显著性水平上拒绝原假设，且临界值（4.5947①）95% 的置信区间 [2.1349，7.0544] 在样本区间 [1，13] 内，满足倒"U"型关系的三个判断条件。估计结果表明，当中国与东道国的正式制度距离较小时，对外直接投资速度对企业技术创新具有倒"U"型的影响。第（3）列为低正式制度距离样本的估计结果，虽然对外直接投资速度平方项的系数显著为负，但是 U-test 检验的 T 统计量太小，仅为 0.99，未能拒绝原假设，说明当正式制度距

---

① 临界值远小于第五章第三节中东道国广度的临界值（9.5808），说明相较于总样本，在正式制度距离较大时，东道国广度的临界值左移，意味着企业 OFDI 速度对技术创新具有积极影响的东道国范围变小。

离较小时，OFDI 速度与企业技术创新之间的倒"U"型关系并不成立。在此基础上，第（4）列基于低正式制度距离样本检验了 OFDI 速度与企业技术创新之间的线性关系，对外直接投资速度的系数在5%的显著性水平上为正，说明当中国与东道国的正式制度距离较小时，持续的海外扩张对企业技术创新具有显著的促进作用。综合以上分析，相近的正式制度会加强 OFDI 速度对企业技术创新的正向影响。这就证实了理论命题4的真实性。

（二）子指标的回归结果

正式制度距离由政治治理指标中六个子指标计算而得，因此这里基于政治治理指标的6个子指标进行异质性检验，分析中国企业 OFDI 与技术创新的关联对正式制度不同侧面的差异化反应。政治治理6个子指标分别代表一国政治治理的不同方面，结合考夫曼（Kaufman，2007）以及邵军和徐康宁（2008）的研究，子指标测度的主要内容如下：

（1）话语权和问责制（voice and accountability）表示人们参与政治的自由程度，侧面反映了一国公民的政治参与感；

（2）政府稳定（political stability and absence of violence）表示人们对政治稳定、生活安定的信心；

（3）政府效能（government effectiveness）衡量了一国政府提供公共服务和执行政策的力度与效率；

（4）监管质量（regulatory quality）衡量了一国政府对私营经济发展的重视程度和支持力度，侧面反映了政府对经济的垄断程度以及公民参与经济活动的自由程度；

（5）法治程度（rule of law）测度了一国司法体系的健全程度；

（6）腐败控制（control of corruption）表示对以权谋私行为的控制力度，衡量了一国政府的清廉程度。

实证检验结果如表6-4所示，第（1）~第（6）列中的政治制度距离分别为话语权和问责制、政府稳定、政府效能、监管质量、法治程度和腐败控制。各模型中正式制度距离与对外直接投资速度平方的交互项的系数方向与显著性存在很大差异，第（5）列的系数在1%的显著性水平上为正，第（2）列的系数在5%的显著性水平上为正；第（3）、（4）、（6）列的系数在10%的显著性水平上为正，而第（1）列中系数不显著。由此说明，东道国正式制度距离在企业OFDI的技术创新绩效中产生的调节效应，主要是通过法治程度和政府稳定实现的，政府效能、监管质量和腐败控制发挥的作用较小，而话语权和问责制并无统计意义上的显著影响。换言之，中国与东道国的正式制度距离对跨国投资与技术创新关系的影响主要体现在法治程度和政治的稳定性上，较少地体现在司法体系的健全性、对非国有经济的重视程度、政府对公共服务与政策的执行效率上，而对参与政治与言论自由不敏感。由此表明，以政治制度距离为表征的正式制度距离在对外直接投资的技术创新绩效中发挥的调节效应，主要看重司法的健全程度以及政府政策的执行效率，而无关乎公民的政治参与度。

表 6-4　　　　　　　　　正式制度距离子指标的回归结果

变量	话语权和问责制 (1)	政府稳定 (2)	政府效能 (3)	监管质量 (4)	法治程度 (5)	腐败控制 (6)
对外直接投资速度	0.0874* (0.0434)	0.1472*** (0.0211)	0.1446*** (0.0180)	0.1762*** (0.0224)	0.1622*** (0.0295)	0.1415*** (0.0198)
对外直接投资速度平方	−0.0063** (0.0030)	−0.0089*** (0.0013)	−0.0085*** (0.0012)	−0.0100*** (0.0015)	−0.0096*** (0.0017)	−0.0085*** (0.0014)
正式制度距离	−0.0071** (0.0032)	0.0131*** (0.0023)	0.0163*** (0.0049)	0.0198*** (0.0039)	0.0107*** (0.0031)	0.0049 (0.0044)
对外直接投资速度×正式制度距离	0.0002 (0.0014)	−0.0100*** (0.0020)	−0.0120*** (0.0029)	−0.0118*** (0.0029)	−0.0080*** (0.0020)	−0.0075** (0.0027)
对外直接投资速度平方×正式制度距离	0.0001 (0.0001)	0.0008** (0.0003)	0.0008* (0.0005)	0.0007* (0.0004)	0.0005*** (0.0002)	0.0006* (0.0003)
控制变量	是	是	是	是	是	是
企业固定效应	是	是	是	是	是	是
年份固定效应	是	是	是	是	是	是
行业固定效应	是	是	是	是	是	是

续表

变量	话语权和问责制 (1)	政府稳定 (2)	政府效能 (3)	监管质量 (4)	法治程度 (5)	腐败控制 (6)
观测值	11787	11787	11787	11787	11787	11787
R^2	0.0797	0.0799	0.0797	0.0803	0.0798	0.0797

注：***、**、*分别表示1%、5%、10%的显著性水平，括号内的数值表示企业层面的聚类稳健标准误。

二、非正式制度距离的基准回归结果

（一）综合指标的回归结果

如果说正式制度是一种硬约束，那么非正式制度就是一种软约束。在第三章的理论分析中，非正式制度距离加强了OFDI对企业技术创新的正向影响。非正式制度距离意味着相对较远的地缘和文化环境，这些国家和地区拥有差异化的自然资源、生产组织方式、企业发展路径等。在非正式制度差距较大的东道国，企业可以接触多元化的文化知识，获取更多的互补性研发与生产资源。多元知识与资源的融合，有利于提高研发效率，降低企业的研发成本，并通过优化资源配置，提升企业的市场价值，进而加强了OFDI对企业技术创新的正向影响。非正式制度距离调节效应的估计结果如表6-5所示，第（1）列中对外直接投资速度平方与非正式制度（文化）距离交互项的系数在1%的显著性水平上为负，对外直接投资速度平方项的系数也显著为负，说明非正式制度距离对OFDI速度与技术创新的倒"U"型关系具有显著的正向调节效应。

表6-5　　　　　非正式制度距离的基准回归结果

变量	非正式制度距离		高非正式制度距离	低非正式制度距离
	(1)	(2)	(3)	(4)
对外直接投资速度	0.0784*** (0.0149)	0.1496*** (0.0153)	-0.0052 (0.0465)	-0.0035 (0.0195)

续表

变量	非正式制度距离 (1)	高非正式制度距离 (2)	低非正式制度距离 (3)	(4)
对外直接投资速度平方	-0.0036*** (0.0011)	-0.0091*** (0.0007)	0.0002 (0.0030)	
制度距离	-0.0179** (0.0076)	-0.0094 (0.0083)	0.0401 (0.1539)	0.0398 (0.1490)
对外直接投资 速度×制度距离	0.0295*** (0.0069)			
对外直接投资速度 平方×制度距离	-0.0022*** (0.0005)			
控制变量	是	是	是	是
企业固定效应	是	是	是	是
年份固定效应	是	是	是	是
行业固定效应	是	是	是	是
观测值	11787	5899	5888	5888
R^2	0.0808	0.1158	0.0549	0.0549
T		6.04***		

注：***、**、*分别表示1%、5%、10%的显著性水平，括号内的数值表示企业层面的聚类稳健标准误。

结合调节图（见图6-2）具体分析，当中国与东道国的非正式制度距离较大时，企业OFDI速度对技术创新产生边际递减的正向影响；当非正式制度距离较小时，随着海外扩张速度的加快，技术创新的变化趋势非常平缓，并未呈现明显的增加趋势。这就说明，在与中国非正式制度距离较大的东道国市场中，企业OFDI速度对技术创新产生的正向影响效应更大。这就验证了理论命题5的真实性，差异化的文化环境加强了跨国企业对多元知识的融合与吸收，持续提升企业的自主创新能力。因此，中国企业在海外投资的过程中，应注重充分挖掘不同的地缘与文化环境为企业的研发和生产提供的互补性资源，不断优化研发与生产资源的配置效率，更大限度地发挥非正式制度在提升企业技术创新中的优势，提升国际循环的质量，为国内经济大循环提供强有力的支撑。

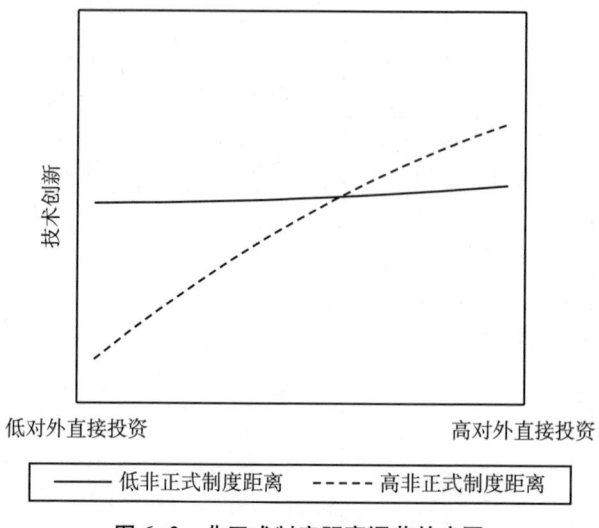

图 6-2 非正式制度距离调节效应图

与正式制度距离调节效应的实证检验思路一致，将非正式制度距离低于中位数的样本视为低非正式制度距离，反之为高非正式制度距离，分别进行实证检验。第（2）列为较大的非正式制度距离的估计结果，满足倒"U"型关系的三个判断条件，说明当中国与东道国的非正式制度距离较大时，企业OFDI速度对技术创新产生"先增加后减少"的倒"U"型影响。第（3）列为较小的非正式制度距离的估计结果，对外直接投资速度平方项的系数不显著；在此基础上，第（4）列检验了OFDI速度与企业技术创新之间的线性关系，对外直接投资速度的系数依然不显著。估计结果说明，当中国与东道国的非正式制度距离较小时，OFDI速度对技术创新并未产生统计意义上的显著影响。因此，文化领域的差距不是企业跨国投资的绊脚石，而是促进知识、技术与文化融合的润滑剂。随着对外扩张速度的加快，企业跨国投资流向非正式制度差距较大的东道国更利于提升技术创新绩效。

（二）子指标的回归结果

霍夫斯泰德文化指数在测度各国的非正式制度上虽有一定的主观性，但也体现了各国在价值观、行为规范和生活目标上的差异性。这种差异性对跨国企业的生产经营颇为重要，既关乎企业内部组织结构、协调沟通与员工关系，又对企业在外部市场中的竞争与合作产生影响。参考霍夫斯泰德（1980）的研究，我们概括了4个子指标的主要内容，具体的测度方面如下。

（1）权力距离指数（power distance index）表示一个国家权力的集中程度，该指数越高意味着人们对权力集中与权力等级的认可度越高，人们参与治理的意愿越低，下级对上级指示的执行度越高。

（2）个人主义指数（individualism vs. collectivism）重点测度了一个国家的价值倾向（重视个人利益还是集体利益），该指数越高代表人们越重视自身的价值，更倾向于争取个人利益而非集体利益。

（3）男权主义指数（masculinity vs. femininity）主要测度一个国家男性品质（独断、竞争、重财富累积）更突出还是女士品质（关爱他人、谦虚、重人际关系）更突出，若一个国家女性品质占主导地位，则男性更多地从事家务劳动且享受购物。该指数越高代表社会中的进取、竞争和"成功"意识更强，照顾和关爱他人的意识更弱。这里的"成功"主要是指人们更倾向于从事自己喜欢的事业。

（4）不确定性规避指数（uncertainty avoidance index）表示人们在面对非常规环境条件或不确定性事件时感到威胁的程度，在不确定性规避指数越高的国家，宽容度越低，更倾向于权威，注重建立更正式的规则，以尽可能地消除不确定性，从而不利于拓展创新空间与培养企业家。

实证检验结果如表6-6所示，第（1）~第（4）列分别采用霍夫斯泰德文化指数的4个子指标，再次计算非正式制度距离估计的实证检验结果。第（1）、（2）列对外直接投资速度平方与非正式制度距离交互项的系数都在1%的显著性水平为负，而第（3）、（4）列的系数并不显著，说明以权力距离指数和个人主义指数测度的非正式制度距离对企业OFDI的技术创新绩效具有显著的调节效应，而以男权主义指数和不确定性规避指数测度的非正式制度距离并不存在显著的调节效应。由此表明，中国与东道国在对权力不平等分配的接受程度以及个人主义或集体主义价值观上的差别,成为影响企业 OFDI 速度与技术创新两者关系的重要的非正式制度因素,而男权或女权主义倾向和社会对权威的重视程度并无显著影响。

表 6-6　　　　　　　非正式制度距离子指标的回归结果

变量	权力距离 (1)	个人主义距离 (2)	男权主义距离 (3)	不确定性规避距离 (4)
对外直接投资速度	0.0844*** (0.0145)	0.1001*** (0.0174)	0.1031*** (0.0154)	0.0935*** (0.0165)
对外直接投资速度平方	-0.0042*** (0.0012)	-0.0050*** (0.0014)	-0.0054*** (0.0013)	-0.0051*** (0.0013)
非正式制度距离	-0.0133*** (0.0026)	0.0071 (0.0053)	0.0022 (0.0029)	-0.0102* (0.0055)
对外直接投资速度× 非正式制度距离	0.0113** (0.0044)	0.0198*** (0.0055)	0.0010 (0.0039)	0.0134*** (0.0045)
对外直接投资速度平方× 非正式制度距离	-0.0009*** (0.0003)	-0.0017*** (0.0005)	-0.0003 (0.0003)	-0.0007 (0.0004)
控制变量	是	是	是	是
企业固定效应	是	是	是	是
年份固定效应	是	是	是	是
行业固定效应	是	是	是	是
观测值	11787	11787	11787	11787
R^2	0.0804	0.0802	0.0794	0.0809

注:***、**、*分别表示1%、5%、10%的显著性水平,括号内的数值表示企业层面的聚类稳健标准误。

第三节　稳健性检验

一、正式制度距离的稳健性检验

以政治治理指标为代理变量的基准回归结果显示,正式制度距离在企业

第六章 | 对外直接投资速度、制度距离与企业技术创新

OFDI速度的技术创新绩效中发挥着调节效应。本节从替换被解释变量、替换调节变量、替换回归方法、排除干扰等方面进行稳健性检验。

估计结果如表6-7所示，第（1）列将被解释变量替换为专利申请总量取对数，对外直接投资速度平方项与制度距离的交互项的系数依然显著为正，印证了基准回归的基本结论。第（2）列将正式制度距离指标替换为由经济自由化指数计算的经济制度距离，对外直接投资速度平方项与经济制度距离的交互项在5%的显著性水平上为正，显著性水平高于基准回归，说明以经济制度为衡量指标的正式制度距离具有调节效应，但其调节效应不及政治制度距离。换言之，与经济制度距离相比，中国企业OFDI的技术创新绩效对政治制度距离更为敏感。第（3）列替换了估计方法，由于发明专利申请数据存在部分零值，采用Tobit模型①重新进行回归，被解释变量采用未取对数的发明专利申请数量，对外直接投资速度平方项与制度距离的交互项的系数在1%的显著性水平上为正。第（4）列为剔除了房地产行业和金融行业的样本，回归结果依然支持基准回归的基本结论。

表6-7　　　　　　　　正式制度距离的稳健性检验

变量	替换被解释变量（1）	替换制度指标（2）	Tobit模型（3）	排除干扰（4）
对外直接投资速度	0.1587*** (0.0299)	0.1926*** (0.0177)	11.5351*** (1.6217)	0.1532*** (0.0270)
对外直接投资速度平方	-0.0092*** (0.0024)	-0.0125*** (0.0016)	-0.4861*** (0.1321)	-0.0094*** (0.0017)
正式制度距离	0.0084 (0.0061)	0.0240*** (0.0043)	1.3746** (0.6651)	0.0038 (0.0029)
对外直接投资速度×正式制度距离	-0.0081*** (0.0020)	-0.0110*** (0.0029)	-0.8505*** (0.1742)	-0.0061** (0.0022)

---

① 经LR检验存在个体效应，认为使用随机效应的面板Tobit模型更稳健。

续表

变量	替换被解释变量 （1）	替换制度指标 （2）	Tobit 模型 （3）	排除干扰 （4）
对外直接投资速度 平方×正式制度距离	0.0005** （0.0002）	0.0009** （0.0004）	0.0501*** （0.0155）	0.0005*** （0.0001）
控制变量	是	是	是	是
企业固定效应	是	是	否	是
年份固定效应	是	是	是	是
行业固定效应	是	是	是	是
观测值	11787	11736	11787	11026
R^2	0.0643	0.0811		0.0810
Log-likelihood			−29503.7780	

注：① ***、**、* 分别表示1%、5%、10%的显著性水平；②第（1）、（2）、（4）列括号内的数值表示行业层面的聚类稳健标准误；③第（3）列经 LR 检验采用随机效应模型，括号内的数值为标准误。

二、非正式制度距离的稳健性检验

在基准回归中，非正式制度距离的调节效应与正式制度距离不同，差异化的文化环境有利于企业对外直接投资的创新绩效。稳健性检验如表6-8的回归结果所示。第（1）列将被解释变量替换为专利申请总量取对数，对外直接投资速度平方项与非正式制度距离的交互项系数在5%的显著性水平上为负。第（2）列中替换了非正式制度距离的衡量指标，借鉴蒋为等（2019）和张夏等（2019）的研究，这里使用 CEPII 数据库统计的关于地理与语言的3个指标，经主成分分析得到非正式制度。所用到的指标分别为中国与东道国是否具有官方语言、是否接壤以及是否存在至少9%的人口使用同一种语言（是则赋值1，否则赋值0）。非正式制度的取值越大表示中国与东道国的非正式制度距离越小。对外直接投资速度平方项与非正式制度距离交互项的系数在10%显著性水平上为正，表明非正式制度距离对跨国投资的技术创新绩效具有调节效应。结合调节图（见图 6-3）具体分析，在其他条件不变的前提下，若中国与东道国的非正式制度差距较大，则企业 OFDI 对技术创新具有积极的正向影响，且边际效应递减；反之，若中国与东道国的非正式制度差距较小，随着企业对外扩张速度的加快，技术创新呈相对平缓的下降趋势，说明非正式制度距离有利于加强 OFDI 速度对企业技术创新的正向影响。

表 6-8　　　　　　　非正式制度距离的稳健性检验

变量	（1）	（2）	（3）	（4）
对外直接投资速度	0.0772*** (0.0230)	0.0614** (0.0220)	0.0443*** (0.0128)	0.0860*** (0.0127)
对外直接投资速度平方	−0.0036 (0.0022)	−0.0031 (0.0025)	−0.0010 (0.0011)	−0.0039*** (0.0012)
非正式制度距离	−0.0071 (0.0084)	0.0739*** (0.0150)	0.0089 (0.0103)	−0.0173** (0.0076)
对外直接投资速度×非正式制度距离	0.0267*** (0.0091)	−0.0788*** (0.0198)	0.0142*** (0.0041)	0.0244*** (0.0066)
对外直接投资速度平方×非正式制度距离	−0.0020** (0.0009)	0.0049* (0.0024)	−0.0010*** (0.0003)	−0.0020*** (0.0005)
控制变量	是	是	是	是
企业固定效应	是	是	是	是
年份固定效应	是	是	是	是
行业固定效应	是	是	是	是
观测值	11787	11787	10848	11026
R^2	0.0647	0.0818	0.0477	0.0820

注：***、**、* 分别表示 1%、5%、10% 的显著性水平，括号内的数值表示企业层面的聚类稳健标准误。

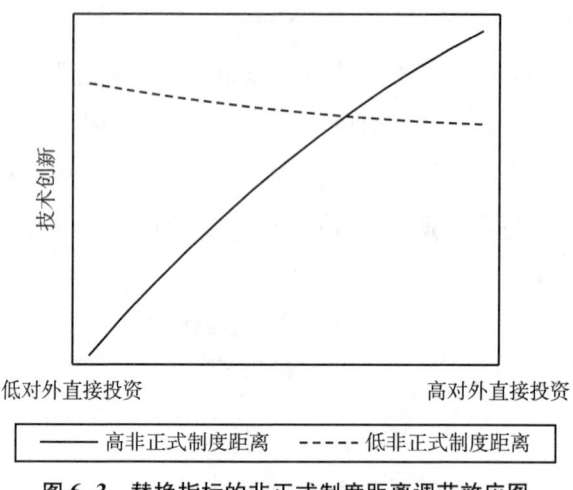

图 6-3 替换指标的非正式制度距离调节效应图

第（3）列将非正式制度距离替换为海外经历，借鉴欧锦文等（2010）、袁然和魏浩（2022）等的研究，海外经历采用企业拥有海外工作或教育背景的高管人数来衡量。这里认为高管的海外经历是非正式制度的一种补充机制，起到拉近与东道国之间关系、缩短与东道国之间的非正式制度差距的润滑作用。对外直接投资速度平方项与非正式制度距离交互项的系数在1%的显著性水平上为负，表明高管的海外经历对OFDI速度的技术创新绩效产生显著的调节效应。结合调节效应图（见图6-4）具体分析，当企业高管的海外经历较少时，随着OFDI速度的加快，企业技术创新呈比较平缓的增加趋势；当企业高管的海外经历较丰富时，随着OFDI速度的加快，企业技术创新的增加趋势比较明显。比较而言，高管丰富的海外经历有利于提升OFDI速度对技术创新的积极作用。第（4）列为剔除房地产和金融行业的样本，对外直接投资速度平方与非正式制度距离交互项的系数在1%的显著性水平上为负，再次表明非正式制度距离对OFDI速度与企业技术创新的关系具有调节效应。

图 6-4　海外经历的调节效应图

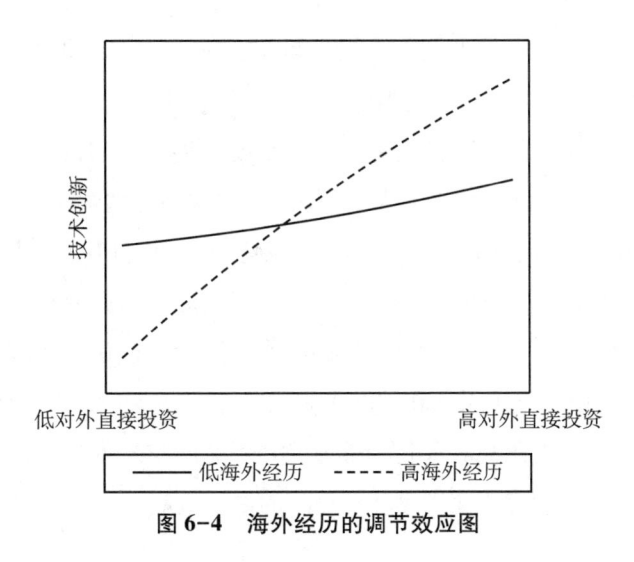

第四节　企业所有制性质的异质性分析

国有企业与非国有企业对外直接投资的目标导向和受到政策保护不同，国有跨国企业的投资流向与速度由政府引导并受到政府的保护，承担风险的能力更强，对正式制度距离的敏感度偏低。同时，国有跨国企业肩负国家政府导向的经济目标更强，为了实现国家的经济发展目标，国有跨国企业获取互补性资源的动机更强，包括稀缺性的自然资源、高端的研发资源等。非正式制度距离意味着地缘、文化、思维方式、价值观念等方面的差别，为国有跨国企业实现经济发展目标提供了广阔的空间。而非国有企业跨国投资的相关决策主要由企业发展策略决定，得到政府的政策支持与相关保护相对受限，东道国的正式制度环境能否为跨国企业提供法治、产权等方面的保护，直接影响跨国企业在东道国的经营绩效及创新激励。

在第五章的异质性分析中，国有企业 OFDI 与创新绩效呈倒"U"型关系，非国有企业则表现为显著的积极影响。那么，制度距离是否对两类企业 OFDI 速度与技术创新的关系产生影响呢？正式制度与非正式制度距离又是否存在差异呢？制度距离对两类企业调节效应的实证回归结果如表6-9所示，第（1）、（2）列分别为国有企业的正式制度距离与非正式制度距离的调节效应，第（1）列对外直接投资速度平方与制度距离交互项的系数不显著，第（2）列则在1%的显著性水平上为负，表明非正式制度距离在国有企业OFDI的技术创新绩效中具有调节效应，而正式制度距离的调节效应并不明显。鉴于在第五章的异质性分析中，非国有企业OFDI速度与技术创新具有显著的正向影响，第（3）、（4）列中仅考察对外直接投资速度与制度距离的交互项。第（3）列中交互项系数在10%的显著性水平上为正，而第（4）列并不显著，说明正式制度距离在非国有企业OFDI速度与技术创新的关系中产生调节效应，非正式制度距离则不存在显著的调节效应。

表6-9　　　　　　　　企业所有制性质的异质性检验

变量	国有企业		非国有企业	
	（1）	（2）	（3）	（4）
对外直接投资速度	0.2394*** (0.0740)	0.1302*** (0.0262)	0.0344*** (0.0075)	0.0318*** (0.0066)
对外直接投资速度平方	−0.0142*** (0.0037)	−0.0074*** (0.0013)		
制度距离	0.0169 (0.0143)	−0.0298** (0.0123)	−0.0193** (0.0070)	−0.0180* (0.0089)
对外直接投资速度×制度距离	−0.0083 (0.0054)	0.0535*** (0.0109)	0.0020* (0.0011)	−0.0007 (0.0037)
对外直接投资速度平方×制度距离	0.0005 (0.0003)	−0.0039*** (0.0010)		
控制变量	是	是	是	是
企业固定效应	是	是	是	是
年份固定效应	是	是	是	是
行业固定效应	是	是	是	是

续表

变量	国有企业		非国有企业	
	（1）	（2）	（3）	（4）
观测值	4257	4257	7530	7530
R^2	0.1503	0.1545	0.0613	0.0605

注：①***、**、*分别表示1%、5%、10%的显著性水平，括号内的数值表示企业层面的聚类稳健标准误；②第（1）、（3）列为正式制度距离，第（2）、（4）列为非正式制度距离。

结合两者的调节效应图（见图6-5和图6-6）具体分析，对国有企业而言，当非正式制度距离较大时，OFDI速度对企业技术创新的影响呈边际递减的积极影响；当非正式制度距离较小时，OFDI速度对企业技术创新的影响并不明显。由此表明，差异化的非正式制度差距为国有跨国企业带来了多元的文化、知识以及创新发展路径，加强了OFDI对企业技术创新的正向影响。对非国有企业而言，正式制度距离或大或小，OFDI速度对企业技术创新均具有显著的正向影响，且当正式制度距离较大时，OFDI速度对企业技术创新的边际贡献略大。

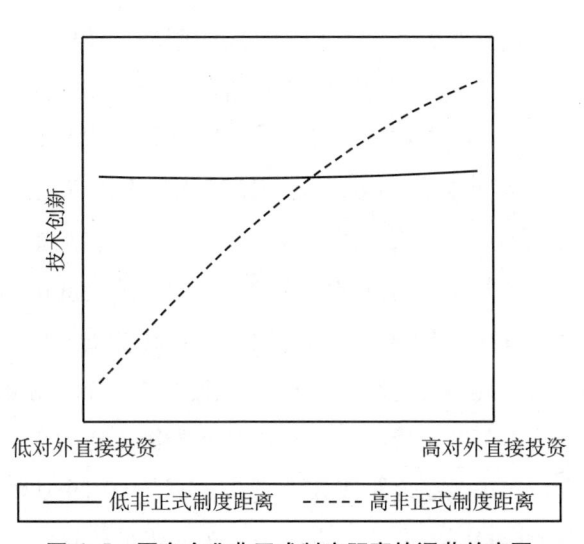

图6-5 国有企业非正式制度距离的调节效应图

资料来源：作者自行绘制。

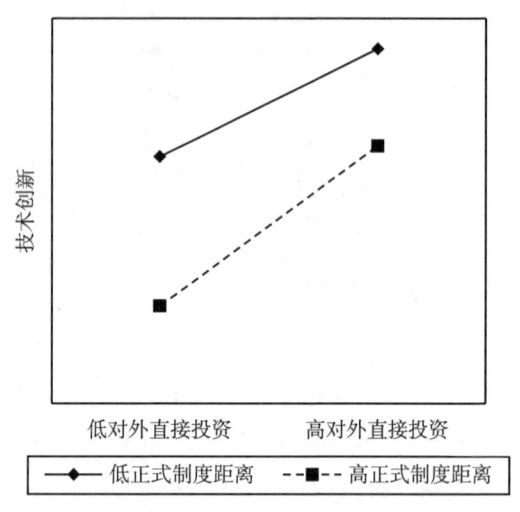

图 6-6　非国有企业正式制度距离的调节效应图

资料来源：作者自行绘制。

第五节　进一步讨论：制度距离方向

基准回归谈及制度距离在对外直接投资的创新绩效中的调节效应，但并未区分制度距离方向。制度距离可分为正向制度距离和负向制度距离，不同的制度距离方向意味着投资市场的差别，跨国企业能获取的知识与资源不同（黄远浙等，2021），面临的制度环境迥异，潜在的投资风险与不确定性不一，所需的交易成本差别较大。由于非正式制度距离属于意识形态、习俗文化领域的差异，区分制度距离方向的意义不大，这里仅从正式制度距离视角分析不同制度距离方向的差异。若东道国的正式制度质量高于中国，则视为正向制度距离；反之视为负向制度距离。对比正向与负向制度距离的样本量可知，中国上市公司跨国投资偏好于平均制度质量较高的东道国。在上一节的异质性分析中，当正式制度距离较大时，非国有跨国企业海外投资对技术创新的边际正向效应略强一些。一方面为了进一步分析这种正向调节效应是否存在制度距离方向的异质性，另一方面为了增强实证结果的稳健性，本节也考察了非国有企业区分正式制度距离方向后的调节效应。

实证回归结果如表6-10所示，Chow检验的P值显示通过5%及以下的显著性，说明可以通过比较系数大小推断组间的差异。第（1）、（2）列分别为正向制度距离和负向制度距离，第（1）列中对外直接投资速度平方与正向制度距离交互项的系数显著为正，而第（2）列的系数不显著，表明当东道国的正式制度质量高于中国时，正式制度距离在OFDI速度的企业技术创新绩效中具有调节效应；反之，调节效应并不明显。由此，中国企业OFDI流向正式制度质量偏高且制度距离相近的东道国，能够有效地降低交易成本、减弱投资的风险与不确定性，更有利于促进母国技术创新。第（3）、（4）列分别为正向制度距离和负向制度距离，第（3）列中对外直接投资速度平方与制度距离交互项的系数显著为正，第（4）列则不显著，表明正式制度距离对非国有企业的调节效应主要体现在正向制度距离上。非国有企业向正向制度距离较大的东道国直接投资，能够得到东道国较为完善的正式制度的保护，提高投资的稳定性，促进企业技术创新的提升。

表6-10　　　　　　　　正式制度距离方向的调节效应

变量	全样本		非国有企业	
	(1)	(2)	(3)	(4)
对外直接投资速度	0.1587*** (0.0269)	-0.0575 (0.2589)	0.0236*** (0.0059)	-0.9546 (0.8519)
对外直接投资速度平方	-0.0096*** (0.0015)	0.0087 (0.0246)		
制度距离	-0.0007 (0.0057)	-0.0926 (0.0838)	-0.0251*** (0.0085)	-0.1869** (0.0574)
对外直接投资速度×制度距离	-0.0077*** (0.0024)	0.0587 (0.0722)	0.0019* (0.0009)	-0.1262 (0.1019)
对外直接投资速度平方×制度距离	0.0006** (0.0003)	-0.0040 (0.0111)		
控制变量	是	是	是	是

续表

变量	全样本		非国有企业	
	(1)	(2)	(3)	(4)
企业固定效应	是	是	是	是
年份固定效应	是	是	是	是
行业固定效应	是	是	是	是
Chow 检验	0.002***/ 0.001***		0.016**	
观测值	11336	451	7361	169
R^2	0.0824	0.2097	0.0590	0.4009

注：①***、**、*分别表示1%、5%、10%的显著性水平，括号内的数值表示企业层面的聚类稳健标准误；②Chow检验汇报的是组间系数差异的显著性。

第六节 小　　结

国际环境具有复杂性、多重性和变化性，充分认识制度距离对跨国投资的激励与约束作用，对于中国企业合理选择投资区位具有重要的理论指导意义。本章检验了制度距离对OFDI与企业技术创新关系的调节效应，并区分正式与非正式制度距离，论证了第三章的理论命题4和5的真实性。得出的主要研究结论如下所示。

首先，正式制度距离在OFDI速度与企业技术创新的关系中具有显著的调节效应。无论中国与东道国之间的正式制度距离偏大还是偏小，OFDI速度对企业技术创新都产生边际递减的正向影响。然而，当正式制度距离较小时，OFDI速度对企业技术创新的边际贡献更大。替换指标、采用Tobit估计方法等稳健性检验，支持了基准回归的基本结论。在区分正式制度距离方向的进一步讨论中，正向制度距离具有调节效应，而负向制度距离的调节效应并不明显。

其次，非正式制度距离在OFDI速度与企业技术创新的关系中具有显著的调节效应。非正式制度作为一种软约束,较大的地缘文化距离为跨国企业提供了多元知识、技术、资源与文化的碰撞空间。当中国与东道国之间的非正式制度距离较大时,OFDI 速度对企业技术创新产生边际递减的正向影响;当非正式制度距离较小时,OFDI 速度对企业技术创新并未产生显著的影响。替换指标的稳健性检验支持上述结论,其中,企业高管的海外经历是非正式制度的一种补充形式,海外经历越丰富,跨国投资越利于促进企业技术创新。

再次,制度距离的调节效应体现在制度的不同侧面上。制度子指标调节效应的估计结果显示,正式制度距离的调节效应更多地体现在法治水平与政府的稳定性上;其次为司法体系的健全性、政府执行效率以及对非国有经济的重视上;而公民的政治参与度的调节效应并不显著。非正式制度距离的调节效应主要通过权力距离和个人主义倾向距离实现;男权主义和不确定性规避距离的调节效应不显著。

最后,制度距离的调节效应存在企业所有制性质的异质性。国有企业与非国有企业 OFDI 面临着不同的市场机遇与风险类型,对正式与非正式制度距离的敏感度也不相同。正式制度距离对非国有企业具有调节效应,且当正式制度距离较大时,OFDI 速度对企业技术创新的边际正向影响更大。非正式制度距离对国有企业具有调节效应,且当非正式制度距离较大时,OFDI 速度对企业技术创新的正向影响效应更优。

第七章 对外直接投资、营商环境与母国技术创新

近年来，随着世界政治、经济与制度环境的不断变化，全球对外直接投资（OFDI）呈波动下降趋势，尽管 2019 年温和回升，但依然是近 10 年的低值。2020 年，受新冠疫情的影响，全球 OFDI 流量再次下降，仅达到 0.78 万亿美元。发达国家 OFDI 为 3470 亿美元，同比下降了 56%；发展中国家 OFDI 为 3870 亿美元，同比下降了 7%。2021 年，OFDI 恢复至新冠疫情前的水平。全球 OFDI 流量为 1.71 万亿美元，发达国家为 1.27 万亿美元，发展中国家为 4384 亿美元[①]。中国 OFDI 经历了连续三年的下降后，2020 年升至 1329.4 亿美元，同比增长 3.3%，位居全球第一。2021 年，中国 OFDI 为 1451.9 亿美元，同比增长 9.2%[②]。OFDI 尽管面临着诸多不确定性，依然是企业参与国际经济、提升国际竞争力、实现价值链攀升的重要途径；也是企业获取先进技术、资源与管理经验的重要手段。而这些资源能否转化成竞争优势，并加快先进技术在行业内、行业间的吸收与扩散，成为理论研究的热点。

在第三章理论分析中，论证了母国营商环境在 OFDI 与母国技术创新两者关联中发挥的作用，并提出理论命题 6 和命题 7。然而，限于一个国家内部的制度建设相对统一，难以体现制度安排的差异，这里并未沿用中国上市公司的数据，而是选用世界各国数据，采用面板门槛回归方法，检验在母国营商环境的影响下，OFDI 与母国技术创新之间的关系，并分析投资主体的异

---

① 资料来源：联合国贸发会议（UNCTAD）及其发布的《2021 年世界投资报告》《2022 年世界投资报告》。

② 资料来源：商务部发布的《2019 年度中国对外直接投资统计公报》、2020 年我国对外全行业直接投资简明统计和 2021 年我国对外全行业直接投资简明统计。

质性影响，为各国优化营商环境、开展更高水平的对外开放提供理论依据，为加快构建新发展格局提供理论启示。

第一节 模型设定与数据

一、模型设定

本章关注的焦点不是全球范围内各个国家 OFDI 与母国技术创新的具体关系，而是母国制度质量对 OFDI 与母国技术创新关系的影响。因此，这里并不沿用上一章构建解释变量及其平方项与调节变量的交互项的方法①，而是采用门槛回归方法。此方法能够合理地拟合在母国营商环境处于不同水平时，OFDI 对母国技术创新的差异化影响。因此，本书借鉴汉森（Hansen，1999）提出的门槛回归模型，检验门槛效应是否存在，并估计门槛值。构建单一门槛的面板回归模型如下：

$$Tech_{i,t} = \beta_0 + \beta_1 Ofdi_{i,t} I(Dbu_{i,t} \leq \gamma) + \beta_2 Ofdi_{i,t} I(Dbu_{i,t} > \gamma) + \lambda' X_{i,t} + \mu_i + v_t + \varepsilon_{i,t}$$

(7-1)

其中，$Tech_{i,t}$ 表示第 t 年国家 i 的技术创新；$Ofdi_{i,t}$ 表示第 t 年国家 i 的对外直接投资；$Dbu_{i,t}$ 表示门槛变量（母国营商环境）；γ 为待估门槛值；$I(\cdot)$ 为示性函数，若满足括号内的不等式条件，则取值为 1，否则取值为 0；X 为表示所有控制变量的向量；下标 i 表示国家，t 表示年份；μ_i 为个体固定效应；v_t 为年份固定效应；$\varepsilon_{i,t}$ 为随机扰动项。

---

① 本书探究了中国 OFDI 对企业技术创新的影响（第四、五章），在此基础上，研究了制度距离在其中发挥的调节效应（第六章）。本章则依据世界范围内国家层面的数据，从母国制度环境视角对 OFDI 与母国技术创新的关系提供一个新的解释。至于各个国家 OFDI 对母国技术创新的具体影响，受各国不同的经济发展程度、技术潜力、海外投资经验等诸多因素的制约，难以一概而论，本章并不对此进行讨论。此外，鉴于构造解释变量与调节变量的交互项的方法已事先假定了解释变量与被解释变量的具体函数关系，本章并不适合采用此方法。

然而，可能存在不止一个门槛值，因而建立多门槛面板回归模型如下（以双重门槛值为例）：

$$Tech_{i,t} = \beta_0 + \beta_1 Ofdi_{i,t} I(Dbu_{i,t} \leq \gamma_1) + \beta_2 Ofdi_{i,t} I(\gamma_1 < Dbu_{i,t} \leq \gamma_2) \\ + \beta_3 Ofdi_{i,t} I(Dbu_{i,t} > \gamma_2) + \lambda' X_{i,t} + \mu_i + v_t + \varepsilon_{i,t} \quad (7-2)$$

其中，γ_1 和 γ_2 为待估门槛值。三重门槛面板回归模型类似，这里不再赘述。

二、数据样本与变量描述

本章关注的是母国营商环境对 OFDI 与母国技术创新关系的影响，选取全球开展对外直接投资的各个国家为研究对象，更具普适性。本章以 UNCTAD 统计的 OFDI 数据样本为基础，与技术创新、营商环境等数据匹配后，剔除了数据严重缺失的国家，又因面板门槛回归模型要求平衡面板数据，故而采用插值法补充个别缺失样本，最终取得的研究样本为 2004~2020 年的 115 个国家。

被解释变量为技术创新（Tech），采用各国每年新增的专利申请量来衡量（Li et al., 2016）。其中，专利申请量为居民与非居民专利申请量的总和。在稳健性检验中，另用科技期刊文章和高科技出口产品。

解释变量为对外直接投资（Ofdi），采用 UNCTAD 统计的 OFDI 流量（折算为 2010 年不变价格）加以衡量。由于被解释变量采用的是时期数据，为保持一致性，基准回归中选用 OFDI 流量作为解释变量的代理指标。在稳健性检验中，另用 OFDI 存量数据。

门槛变量为母国营商环境，用《全球营商环境报告》发布的营商环境指标（Dbu）来衡量（Corcoran and Gillanders，2015），该指标表示企业的营商便利度，取值范围为 0 到 100 分，分数越高表示营商环境越便利。总指标为 10 个子指标（开办企业、申请建筑许可、获得电力供应、登记财产、获得信贷、投资者保护、缴纳税款、跨境贸易、合同执行和办理破产）的综合得分。依据各指标数据的完整度与平稳性，选取营商环境总指标（Dbu）作为基准回归的门槛变量，另用子指标进行稳健性检验。

此外，本章还控制了其他可能影响技术创新的因素，由前文理论模型中(3-59)式可知，除对外直接投资和营商环境外，母国技术创新还受到国内资本、外商直接投资、收入水平、人口结构等因素的影响。具体包括：(1) 外商直接投资（Fdi），用各国实际吸引的外商直接投资流量（折算成2010年不变价格）来衡量。外商直接投资对技术提升和产业升级产生影响（臧铖等，2022），一方面外商直接投资通过引进先进的运营模式、生产技术和管理方法等方式带动国内技术的更新换代（Li and Wu，2017）；另一方面，外商直接投资通过水平溢出和垂直溢出提升国内的生产率水平（李磊等，2018）。(2) 资本（$Gdif$），用各国固定资本形成总额来衡量，并折算成2010年不变价格，有形资本的累积程度是影响技术创新与生产率水平的重要因素（Al-Sadig，2013）。(3) 收入水平（$Pgdp$），以人均GDP（2010年不变价格）来衡量，在经济发展越快的国家，居民购买新产品的意愿越强，企业生产新产品的动机也越强。同时，较高的经济发展程度也意味着更好的基础设施建设以及较强的知识产权保护力度，也会引致技术的跃迁（Li et al.，2016）。(4) 制造业发展程度（$Indm$），以各国制造业增加值占GDP的比例来衡量，制造业发展引起劳动力流动与再配置，是提升人力资本的关键（高琳，2021），体现了资源配置情况。(5) 城镇化水平（Urb），该指标也反映了人口结构，用各国城镇人口占总人口的比重来衡量，城镇化水平的发展意味着人口流动趋势与人才集聚效应，影响技术水平的跃升（鲁桐和党印，2015）。表7-1列出了上述变量的度量、单位与来源。关键变量的统计性描述如表7-2所示。同时也检验了多重共线性，各变量的方差膨胀因子都远低于10，故不存在严重的多重共线性。

表7-1　　　　　　　　　主要变量的度量与来源

变量	变量定义	单位	来源
技术创新	各国每年在世界范围通过《专利合作条约》程序或向国家专利部门提交的专利申请	件	世界银行世界发展指标数据库

续表

变量	变量定义	单位	来源
对外直接投资	各国每年对外直接投资流量，折算成2010年不变价格	百万美元	联合国贸发会议（UNCTAD）
营商环境	各国每年的营商便利程度	分	世界银行营商环境数据库
外商直接投资	各国每年吸引外商直接投资流量，折算成2010年不变价格	百万美元	联合国贸发会议（UNCTAD）
资本	各国每年固定资本形成总额（2010年不变价美元）	百万美元	世界银行世界发展指标数据库
收入水平	各国每年人均GDP（2010年不变价格）	美元	世界银行世界发展指标数据库
制造业发展程度	各国每年制造业增加值占GDP的比例	千分数	世界银行世界发展指标数据库
城镇化水平	各国每年城镇人口占总人口的比例	千分数	世界银行世界发展指标数据库

表7-2　　　　　　　　　　主要变量的统计性描述

变量	样本量	均值	标准差	最小值	最大值
技术创新	1955	13046	61177	0	621453
对外直接投资	1955	10508	35339	−163662	408941
营商环境	1955	63.7397	12.1885	19.9780	88.7022
外商直接投资	1955	10860	29448	−117170	428898
资本	1955	116842	351135	−15816	3909204
收入水平	1955	16634	20613	202.3721	112994
制造业发展程度	1955	137.1705	71.1939	0	1110.8430
城镇化水平	1955	627.7030	211.4973	91.3900	1000

面板数据门槛回归模型的有效性很大程度上依赖于门槛变量的平稳性，为避免出现伪回归，本章运用两种方法检验了被解释变量、解释变量、门槛变量和控制变量的单位根。从表7-3可知，在ADF-Fisher检验中，所有变量皆平稳。与之略有不同的是，在LLC检验中资本本身不平稳，但一阶差分后平稳。因此，在门槛效应检验与回归中，对资本变量做一阶差分处理。

表 7-3　　　　　　　　　　　单位根检验结果

变量	ADF-Fisher 检验 统计量（Z）	结论	LLC 检验 统计量（T）	结论
技术创新	-10.1144（0.0000）	平稳	-14.0580（0.0000）	平稳
对外直接投资	-20.7968（0.0000）	平稳	-33.6420（0.0000）	平稳
营商环境	-8.0424（0.0000）	平稳	-8.5490（0.0000）	平稳
外商直接投资	-19.6411（0.0000）	平稳	-37.1910（0.0000）	平稳
资本	-4.8266（0.0000）	平稳	-8.4100（0.1064）	不平稳
D.资本	-20.4640（0.0000）	平稳	-33.0190（0.0000）	平稳
收入水平	-6.8242（0.0000）	平稳	-12.0520（0.0000）	平稳
制造业发展程度	-13.3547（0.0000）	平稳	-15.4680（0.0000）	平稳
城镇化水平	-14.1120（0.0000）	平稳	-13.805（0.0000）	平稳

注：①原假设为存在单位根，括号内为 P 值；②"D.资本"表示一阶差分后的资本变量。

第二节　门槛回归结果

一、基准门槛回归结果

门槛回归模型依据门槛值的显著性水平确定门槛类型，若某一门槛变量的第 n 个门槛值不显著，而第 $n-1$ 个门槛值在 10% 以下的显著性水平上显著，则该门槛变量存在 $n-1$ 个门槛值（Hansen，1999）。在此基础上，为了提高回归结果的稳健性，界定多重门槛时剔除了显著性水平在 5% 以上以及与上一门槛值差距小于 1 的门槛值①。基准门槛回归结果如表 7-4 所示，采用逐步回归法，逐步添加控制变量以及年份固定效应，结合表 7-5 的门槛效

---

① 若显著性水平在 5% 以上，经多次抽样后的回归结果显著性水平差别很大，或高于 10% 或低于 10%，故剔除；若两个门槛值之间的差距小于 1，处于两个门槛值之间的样本数量极少，故剔除。

应检验可知，所有门槛变量都通过1%显著性水平的门槛检验，且都存在单一门槛，门槛值也极为接近，第（1）、（2）行的门槛值皆为82.4556，第（3）~第（7）行则都为82.4771。这意味着，在此样本中，营商环境处于不同区间内，OFDI对母国技术创新的影响存在差异。

表7-4 基准门槛回归结果

变量	(1)	(2)	(3)	(4)	(5)	(6)	(7)
对外直接投资_1	-0.1640*** (0.0097)	-0.2249*** (0.0098)	-0.1858*** (0.0094)	-0.1837*** (0.0094)	-0.1836*** (0.0094)	-0.1838*** (0.0094)	-0.1858*** (0.0095)
对外直接投资_2	0.1023*** (0.0134)	0.0568*** (0.0129)	0.0762*** (0.0124)	0.0778*** (0.0124)	0.0777*** (0.0124)	0.0777*** (0.0124)	0.0781*** (0.0125)
外商直接投资		0.1942*** (0.0120)	0.1503*** (0.0115)	0.1471*** (0.0116)	0.1472*** (0.0116)	0.1473*** (0.0116)	0.1474*** (0.0117)
D.资本			-0.0135 (0.0092)	-0.0154* (0.0092)	-0.0151 (0.0092)	-0.0152* (0.0092)	-0.0165* (0.0096)
收入水平				0.2439*** (0.0864)	0.2459*** (0.0865)	0.2644*** (0.0883)	0.1715* (0.0990)
制造业发展程度					-3.5331 (6.0488)	-5.6092 (6.3818)	-5.1322 (6.4407)
城镇化水平						-9.0681 (8.8869)	-21.0805* (12.2718)
常数	14264*** (209)	12765*** (216)	13004*** (206)	8940*** (1454)	9385*** (1642)	15065*** (5804)	24488*** (8634)
个体固定效应	是	是	是	是	是	是	是
年份固定效应	否	否	否	否	否	否	是
观测值	1955	1955	1840	1840	1840	1840	1840
F	452.76***	497.50***	564.16***	565.13***	559.12***	558.27***	557.22***
R^2	0.2159	0.3133	0.2850	0.2883	0.2884	0.2888	0.2934

注：①对外直接投资_1和对外直接投资_2表示对外直接投资被门槛值所划分的区制，***、**、*分别表示1%、5%、10%的显著性水平，括号内为标准误；②鉴于常数项的系数和标准误的整数位过多，这里去掉了小数位，仅保留整数位。

第七章 | 对外直接投资、营商环境与母国技术创新

表7-5　　　　　　　　基准回归门槛效应检验

门槛变量	门槛类型	门槛值	F值	P值	临界值 10%	5%	1%
营商环境	单一	82.4556	602.05***	0.0033	87.0716	165.0360	484.6301
营商环境	单一	82.4556	677.58***	0.0000	72.1184	146.7926	282.8487
营商环境	单一	82.4771	575.43***	0.0067	79.4759	148.9315	512.0579
营商环境	单一	82.4771	574.74***	0.0033	67.4353	117.3839	297.9099
营商环境	单一	82.4771	573.03***	0.0000	78.4980	141.9302	333.8881
营商环境	单一	82.4771	573.98***	0.0000	84.0351	126.4094	235.4871
营商环境	单一	82.4771	575.08***	0.0000	83.4446	133.9408	410.6101

注：①P值和临界值是Bootstrap模拟300次的结果，***表示1%的显著性水平；②门槛检验结果汇报顺序与表7-4回归结果一一对应。

F检验验证了各门槛回归模型的总体显著性。第（1）~第（7）列中对外直接投资的系数都在1%的显著性水平上显著，并随着营商环境的逐渐改善，对外直接投资的系数方向都由负转正，说明在营商环境的影响下，OFDI对母国技术创新的影响呈现"V"型非线性变化趋势，这就验证了命题6的真实性。依据此研究样本的门槛效应检验及其门槛回归结果，就回归系数与显著性，对其做经济学解释（以第（7）列为例）。当一国处于营商便利度的下端（营商环境≤82.4771），该国OFDI对母国技术创新产生消极影响。具体而言，在其他变量不变的情况下，一国OFDI流量每增加一百万美元，该国当年专利申请数量平均减少0.1858件。当营商环境达到一定的便利程度后（营商环境>82.4771），各国OFDI对技术创新产生积极影响。在其他变量不变的情况下，一国OFDI流量每增加一百万美元，该国当年专利申请数量平均增加0.0781件。可见，在营商环境较差的国家，企业为了追求更为便利的营商环境，减少制度约束，其OFDI动机可能是为了逃离本国制度，这对本国技术创新会产生抑制作用。当母国营商环境达到一定的便利水平，企业OFDI动机则更倾向于在国际市场中寻求技术研发合作，促进先进技术在母国的扩散。

· 161 ·

二、国家异质性分析

随着新兴国家在全球价值链上的攀升，其OFDI在国际市场中与发达国家之间相互竞争又相互合作，两者在吸收能力、投资结构等方面存在差异。这里区分了发达国家与新兴国家，并分别进行门槛效应检验。如表7-6所示，在发达国家样本中，营商环境都存在显著单一门槛效应，门槛值也极为相近；在新兴国家样本中，营商环境都存在显著双重门槛效应。结合表7-7的回归结果可知，无论是发达国家还是新兴国家，营商环境超过第一个门槛值后，OFDI对母国技术创新具有正向影响。反之，OFDI或阻碍母国技术创新，或对技术创新的影响不显著。由此可见，受营商环境影响，无论是发达国家还是新兴国家OFDI都对母国技术创新具有非线性影响。然而，两者的门槛值及OFDI系数的大小存在较大差异。发达国家OFDI对母国技术创新产生积极影响的门槛值（82.5201和82.4986）分别高于新兴国家（78.7720和79.3004），但是，影响效应小于新兴国家（0.2127小于0.9344和0.4989、0.1377小于0.7560和0.3798、0.1384小于0.7489和0.3807）。以上差异表明，发达国家对营商环境的要求更高，新兴国家营商环境在OFDI对母国技术创新影响中的正向调节效应更大。这就验证了命题7的真实性。一个重要的原因是，发达国家的营商环境、OFDI规模与技术水平普遍高于新兴国家，其在诸方面的提升空间有限，通过OFDI实现母国技术创新的可能性较小。新兴国家与之相反，营商环境、OFDI规模与技术水平的相对劣势为其提供了更为广阔的发展空间，营商环境的边际调节效应更强。

表7-6 发达国家和新兴国家的门槛效应检验

分类	门槛变量	门槛类型	门槛值	F值	P值	临界值 10%	临界值 5%	临界值 1%
发达	营商环境	单一	82.5201	244.47***	0.0000	74.2031	99.4556	155.1198
发达	营商环境	单一	82.4986	228.90***	0.0000	55.7168	79.2921	116.5949
发达	营商环境	单一	82.4986	234.18***	0.0000	57.7489	80.2090	130.4937

续表

分类	门槛变量	门槛类型	门槛值	F 值	P 值	临界值 10%	临界值 5%	临界值 1%
新兴国家	营商环境	双重	78.7720	263.47***	0.0033	59.1227	79.7918	152.3013
			84.0008	122.98***	0.0033	38.9613	50.2480	73.1230
	营商环境	双重	79.3004	251.30***	0.0000	62.4314	83.6259	148.2037
			84.0008	151.80***	0.0033	37.5785	59.1285	112.5002
	营商环境	双重	79.3004	253.51***	0.0033	61.4974	92.7286	124.4380
			84.0008	154.39***	0.0000	42.5192	57.4626	92.2773

注：①P 值和临界值是 Bootstrap 模拟 300 次的结果，***表示1%的显著性水平；②门槛检验结果汇报顺序与表 7-7 回归结果一一对应。

表 7-7　　　　发达国家和新兴国家的门槛回归结果

变量	发达国家样本 (1)	发达国家样本 (2)	发达国家样本 (3)	新兴国家样本 (4)	新兴国家样本 (5)	新兴国家样本 (6)
对外直接投资_1	-0.1457*** (0.0149)	-0.1686*** (0.0149)	-0.1732*** (0.0152)	-0.0264 (0.0317)	-0.0584** (0.0289)	-0.0617** (0.0294)
对外直接投资_2	0.2127*** (0.0250)	0.1377*** (0.0224)	0.1384*** (0.0227)	0.9344*** (0.0621)	0.7560*** (0.0568)	0.7489*** (0.0575)
对外直接投资_3				0.4989*** (0.0718)	0.3798*** (0.0690)	0.3807*** (0.0703)
外商直接投资		0.1317*** (0.0196)	0.1312*** (0.0201)		0.0287 (0.0212)	0.0312 (0.0218)
D. 资本		-0.0046 (0.0163)	-0.0059 (0.0172)		-0.0257** (0.0107)	-0.0264** (0.0114)
收入水平		0.3157* (0.1844)	0.0162 (0.2548)		0.3220*** (0.0897)	0.2534** (0.0997)
制造业发展程度		-46.7846 (32.3063)	-27.9851 (37.5320)		2.4265 (4.4608)	2.9059 (4.5157)
城镇化水平		-146.9401*** (46.3754)	-187.2467*** (60.8235)		12.9488 (9.7411)	1.1279 (13.0823)
常数	34338*** (685)	137309*** (34518)	179608*** (49270)	11131*** (246)	-1959 (7134)	7033 (9959)

续表

变量	发达国家样本			新兴国家样本		
	(1)	(2)	(3)	(4)	(5)	(6)
个体固定效应	是	是	是	是	是	是
年份固定效应	否	否	是	否	否	是
观测值	595	560	560	544	512	512
F	530.77***	583.41***	560.01***	629.13***	779.41***	770.88***
R^2	0.3360	0.3870	0.3949	0.3602	0.4093	0.4223

注：①对外直接投资_1、对外直接投资_2 和对外直接投资_3 表示对外直接投资被门槛值所划分的区制，***、**、* 分别表示 1%、5%、10%的显著性水平，括号内为标准误；②鉴于常数项的系数和标准误的整数位过多，这里去掉了小数位，仅保留整数位。

此外，发达国家与新兴国家在 OFDI 的动机、模式和产业选择上还存在差异，OFDI 对母国技术创新的影响机制路径也会存在差异。为了更清晰地呈现各国营商环境在 OFDI 与母国技术创新关系中的作用，并比较发达国家和新兴国家的异同，这里利用两者门槛效应回归结果，对样本数据做进一步的统计分析。在研究样本中，发达国家营商环境指标处于 OFDI 促进母国技术创新区间的样本数所占比重约为 9.2%；新兴国家所占比重约为 6.6%。因此，无论是发达国家还是新兴国家，OFDI 对母国技术创新具有积极影响的国家还处于少数，优化营商环境对跨国投资与母国技术创新具有重要意义。

第三节 稳健性检验

一、滞后与 GMM 估计

以上门槛回归结果表明，在营商环境的影响下，OFDI 对母国技术创新的影响呈现"V"型非线性变化趋势，当营商环境超过一定的临界值后，OFDI

促进母国技术创新。为了增强回归结果的稳健性，本节采用多种方法进行稳健性检验，包括滞后期、GMM估计、替换门槛变量、替换被解释变量、替换解释变量、OLS估计、Tobit估计等。首先，上述结果可能受到潜在的内生性问题的干扰，其中反向因果关系是造成内生性偏误的重要因素，即当母国技术水平越高，经济发展程度越好，也更容易推动对外直接投资。虽然在基准回归中已加入收入水平的代理变量，从控制变量上对上述问题进行了处理，但为了进一步克服内生性问题，将解释变量与门槛变量滞后1至3期进行门槛效应检验。而后，又依据门槛值，分样本进行系统GMM估计。

表7-8和表7-9为解释变量与门槛变量滞后1至3期的门槛回归检验结果，营商环境都存在显著单一门槛效应。第（1）~第（3）列与基准回归结果一致，当营商环境超过门槛值后，对外直接投资的系数由显著为负变为显著为正，再次表明当营商环境达到一定便利程度（某一临界值）后，OFDI对母国技术创新产生显著的积极影响。以上实证结果既可缓解母国技术推动OFDI的反向因果关系产生的内生性问题，又表明OFDI对母国技术创新的影响具有一定的持续性。第（4）、（5）列为滞后1期的国家异质性检验，比较二者门槛值与OFDI系数大小，进一步验证了营商环境对OFDI与母国技术创新关系的影响具有国家异质性特征，即发达国家OFDI对母国技术创新产生积极影响的营商环境便利水平高于新兴国家，而新兴国家OFDI对母国技术创新产生的正向影响效应更大。

表 7-8　　　　　　　　　滞后期的门槛效应检验

分类	门槛变量	门槛类型	门槛值	F值	P值	临界值 10%	临界值 5%	临界值 1%
滞后1期	营商环境	单一	82.4986	700.53***	0.0000	88.9253	158.5157	252.3845
滞后2期	营商环境	单一	82.4522	950.98***	0.0000	68.5336	118.0345	192.1231
滞后3期	营商环境	单一	82.4522	1697.76***	0.0000	53.5541	75.2264	140.6381
滞后1期	营商环境	单一	82.4771	276.91***	0.0033	44.8386	64.5361	93.9733

续表

分类	门槛变量	门槛类型	门槛值	F 值	P 值	临界值 10%	5%	1%
滞后1期	营商环境	双重	78.6989	278.66***	0.0000	60.9040	86.5831	127.8122
			83.9656	137.82***	0.0100	46.6523	64.0976	130.5190

注：①P 值和临界值是 Bootstrap 模拟 300 次的结果，***表示1%的显著性水平；②门槛检验结果汇报顺序与表 7-9 回归结果一一对应。

表 7-9　　　　　　　　　滞后期的门槛回归结果

变量	总样本 滞后1期(1)	滞后2期(2)	滞后3期(3)	发达 滞后1期(4)	新兴 滞后1期(5)
对外直接投资_1	−0.1478*** (0.0080)	−0.1391*** (0.0078)	−0.0759*** (0.0070)	−0.1938*** (0.0150)	−0.0595** (0.0294)
对外直接投资_2	0.1264*** (0.0115)	0.1336*** (0.0091)	0.2441*** (0.0090)	0.0804*** (0.0182)	0.8775*** (0.0552)
对外直接投资_3					0.2184*** (0.0638)
控制变量	是	是	是	是	是
个体固定效应	是	是	是	是	是
年份固定效应	是	是	是	是	是
观测值	1725	1610	1495	525	480
F	723.58***	844.21***	999.28***	651.72***	827.83***
R^2	0.3880	0.4500	0.5620	0.4241	0.4960

注：对外直接投资_1、对外直接投资_2 和对外直接投资_3 表示对外直接投资被门槛值所划分的区制，***、**分别表示1%、5%的显著性水平，括号内为标准误。

接下来，我们依据基准回归的门槛值，分样本进行系统 GMM 估计，同时考虑到母国技术创新存在一定程度上的路径依赖，当期的技术创新受到前期技术水平的影响，为了控制这种可能的动态效应，表 7-10 加入了技术创新的一阶滞后项，进行 GMM 估计，第（1）列为营商环境低于门槛值的样本回归结果,对外直接投资的系数为负但不显著,说明 OFDI 对母国技术创新的负向影响并不明显;第(2)列为营商环境高于门槛值样本的回归结果,对外直接投资的系数在1%的显著性水平上为正,说明 OFDI 显著促进母国技术创新。以上回归结果表明,OFDI 对母国技术创新的影响的确存在门槛效应,且当营商环境超过门槛值后,OFDI 产生促进母国技术创新的积极影响①。

表7-10   分样本 GMM 回归结果

变量	(1)	(2)
L. 技术创新	0.9711*** (0.0031)	1.0013*** (0.0063)
对外直接投资	−0.0065 (0.0087)	0.0425*** (0.0072)
控制变量	是	是
个体固定效应	是	是
年份固定效应	是	是
观测值	1666	174

注:***表示1%的显著性水平,括号内为标准误。

二、替换变量

鉴于营商环境包含10个子指标,这里将用子指标替代门槛变量。营商环境的子指标包括开办企业、申请建筑许可、获得电力供应、登记财产、获得信贷、投资者保护、缴纳税款、跨境贸易、合同执行和办理破产。开办企业测度企业从注册到正式运营的便利程度;申请建筑许可和获得电力供应分别表示企业建设标准化厂房和获得电力供应的难度;获得信贷、登记财产和投

---

① 尽管第(1)列中对外直接投资的系数并不显著,但依然可以回应营商环境门槛效应的存在性。

资者保护分别反映企业获得信贷支持的法律保护、产权保护以及股东权益保护的程度；缴纳税款衡量了企业所需承担的税负；跨境贸易刻画了进出口贸易的便利程度；合同执行指标表示合同执行的效率；办理破产表示破产程序的复杂程度。

基于第三章第三节营商环境纳入理论模型的依据，我们分别考察了营商环境各个子指标在OFDI与母国技术创新关系中发挥的作用。首先，开办企业和缴纳税款是影响企业对外直接投资动机的重要影响因素，若母国的开办企业较难或税负很重，则企业更多地选择制度规避的OFDI，这种OFDI难以对技术创新产生积极的影响。其次，合同执行和获得信贷是影响企业跨国合作效率的重要因素，若母国的合同执行效率和信贷法律保护力度较大，则跨国企业在国际市场更容易取得信任，增加研发合作机会。再次，登记财产和跨境贸易是影响跨国企业创新成果在东道国与母国转移的重要因素。一国跨境贸易越便利、产权保护程度越高，国际研发合作的成果以及在国际市场中获取的资源更容易转移至母国。相较而言，申请建筑许可、获得电力供应、投资者保护和办理破产四个子指标的影响较弱，或无直接关系。因此这里选取开办企业、登记财产、获得信贷、缴纳税款、跨境贸易和合同执行6个子指标作为营商环境的代理指标，进行稳健性检验①。

在表7-11和表7-12中，开办企业、获得信贷和跨境贸易均存在双重门槛效应。当营商环境便利度较低（开办企业≤90.7175、获得信贷≤87.5000、跨境贸易≤88.0172）时，OFDI对母国技术创新或产生负向影响，或影响不显著；当营商环境较为便利（开办企业>90.7175、获得信贷>87.5000、跨境贸易>88.0172）时，OFDI对母国技术创新产生正向影响。登记财产、缴纳税款和合同执行均存在单一门槛效应，且超过门槛值时，OFDI有利于促进母国技术创新。

---

① 我们也检验了申请建筑许可、获得电力供应、投资者保护和办理破产4个子指标的门槛回归效应，或无显著的门槛效应或门槛值前后系数无显著差别。

表 7-11　　　　　　　　替换门槛变量的门槛效应检验

门槛变量	门槛类型	门槛值	F 值	P 值	临界值 10%	5%	1%
开办企业	双重	85.2045	199.72**	0.0367	79.4625	170.1131	273.4718
		90.7175	572.23***	0.0033	107.4509	179.5421	380.1539
登记财产	单一	82.7598	148.50**	0.0267	55.4109	93.5847	227.4621
获得信贷	双重	81.2500	125.67**	0.0400	25.9337	81.1376	332.7281
		87.5000	547.19***	0.0000	22.0485	46.9656	91.6751
缴纳税款	单一	82.3059	367.28**	0.0200	124.7977	234.3252	443.8944
跨境贸易	双重	74.0918	651.91***	0.0067	38.5550	121.6224	569.1513
		88.0172	189.53**	0.0367	62.1043	109.0099	314.9636
合同执行	单一	67.2365	207.34**	0.0367	69.5796	132.7510	400.3196

注：①P 值和临界值是 Bootstrap 模拟 300 次的结果，***、**分别表示 1%、5%的显著性水平；②门槛检验结果汇报顺序与表 7-12 回归结果一一对应。

表 7-12　　　　　　　　替换门槛变量门槛回归结果

变量	开办企业(1)	登记财产(2)	获得信贷(3)	缴纳税款(4)	跨境贸易(5)	合同执行(6)
对外直接投资_1	0.0260 (0.0181)	-0.1281*** (0.0096)	-0.1281*** (0.0106)	-0.1934*** (0.0101)	-0.3392*** (0.0127)	-0.1470*** (0.0097)
对外直接投资_2	-0.2185*** (0.0090)	0.0448*** (0.0160)	-0.3019*** (0.0138)	0.0353*** (0.0118)	-0.0880*** (0.0092)	0.0250* (0.0133)
对外直接投资_3	0.0655*** (0.0109)		0.0347*** (0.0111)		0.0498*** (0.0108)	
控制变量	是	是	是	是	是	是
个体固定效应	是	是	是	是	是	是
年份固定效应	是	是	是	是	是	是
观测值	1840	1840	1840	1840	1840	1840
F	675.90***	501.22***	562.63***	522.75***	697.44***	519.44***
R^2	0.3902	0.1781	0.3604	0.2602	0.4069	0.2019

注：对外直接投资_1、对外直接投资_2 和对外直接投资_3 表示对外直接投资被门槛值所划分的区制，***、*分别表示 1%、10%的显著性水平，括号内为标准误。

依据 2004~2020 年 115 个国家营商环境数据，开办企业、登记财产、获得信贷、缴纳税款、跨境贸易和合同执行指标处于 OFDI 促进母国技术创新区间的样本数所占比重分别约为 20.7%、16.2%、10.6%、23.0%、21.0% 和 28.7%。再次表明，各国积极优化营商环境的必要性，以及在 OFDI 对母国技术创新影响中的重要性。

一国的技术创新不仅体现在专利领域的跃迁，而且表现在新产品领域的突破，两者共同构成实践层面的技术创新；在理论层面，科技论文数量是技术创新的主要表征。基准回归采用专利申请作为技术创新的代理指标，为了增强回归结果的稳健性，这里选用高科技出口产品和科技期刊文章来替代专利申请（刘亚雪等，2020）。其中，科技期刊文章为一国每年出版的科学和工程类文章数量（单位：篇），取自世界银行发展指标数据库①；高科技出口产品是指具有高研发强度的产品，单位为百万美元（折算为 2010 年的不变价格），取自联合国商品贸易统计数据库。实证回归结果如表 7-13 和表 7-14 所示，第（1）、（2）列的营商环境分别存在显著的双重门槛和单一门槛效应，当营商环境超过门槛值后，OFDI 对母国技术创新的影响由负转正。第（3）、（4）列将专利申请量区分为居民专利申请量和非居民专利申请量，门槛效应及回归结果与基准回归一致。此外，考虑到 OFDI 对母国技术创新的影响具有累积效应，这里将 OFDI 的代理指标替换为 OFDI 存量（单位：百万美元，折算为 2010 年的不变价格）和 OFDI 存量取对数。回归结果如第（5）、（6）列所示，两者分别存在显著的双重和单一门槛效应，只有当营商环境高于门槛值，OFDI 才能显著促进母国技术创新。

表 7-13　　　　　替换解释变量与被解释变量的门槛效应检验

门槛变量	门槛类型	门槛值	F 值	P 值	临界值 10%	5%	1%
营商环境	双重	49.9444	481.64***	0.0000	49.7559	79.7905	177.0764
		82.4522	184.71**	0.0033	42.7971	54.1428	88.0855

① 科技期刊文章统计数据截止到 2018 年；17 个国家高科技出口产品的统计数据缺失。

续表

门槛变量	门槛类型	门槛值	F 值	P 值	临界值 10%	临界值 5%	临界值 1%
营商环境	单一	82.4076	224.11**	0.0200	91.3617	121.0427	269.0129
营商环境	单一	82.4771	322.51**	0.0233	110.1427	223.4853	415.4962
营商环境	单一	82.4771	492.15***	0.0100	49.7586	148.0493	329.0971
营商环境	双重	78.1133	177.54**	0.0433	96.3255	148.1916	568.0647
营商环境	双重	82.4771	2397.91***	0.0000	110.6206	206.3082	471.2605
营商环境	单一	82.4771	349.48	0.0067	83.7801	107.8934	218.0453

注：①P 值和临界值是 Bootstrap 模拟 300 次的结果，***、**分别表示 1%、5%的显著性水平；②门槛检验结果汇报顺序与表 7-14 回归结果一一对应。

表 7-14　　　　替换解释变量与被解释变量的门槛回归结果

变量	替换被解释变量 (1)	(2)	(3)	(4)	替换解释变量 (5)	(6)
对外直接投资_1	-2.2736*** (0.1034)	-0.0416*** (0.0098)	-0.0941*** (0.0061)	-0.0913*** (0.0053)	-0.0120*** (0.0010)	-19.4593 (120.5381)
对外直接投资_2	-0.0482*** (0.0057)	0.1574*** (0.0107)	0.0342*** (0.0080)	0.0437*** (0.0069)	0.0068*** (0.0012)	1063.5647*** (137.5730)
对外直接投资_3	0.0394*** (0.0067)				0.0283*** (0.0010)	
控制变量	是	是	是	是	是	是
个体固定效应	是	是	是	是	是	是
年份固定效应	是	是	是	是	是	是
观测值	1610	1568	1840	1840	1840	1840
F	477.52***	254.43***	654.56***	239.79***	887.67***	627.67***
R^2	0.4269	0.2011	0.1953	0.2633	0.6515	0.1846

注：对外直接投资_1、对外直接投资_2 和对外直接投资_3 表示对外直接投资被门槛值所划分的区制，***表示 1%的显著性水平，括号内为标准误。

三、替换估计方法

基准回归采用的被解释变量为专利申请数量,是一种断尾的计数数据。鉴于门槛回归并没有解决受限因变量问题的选项,这里将专利申请数据取对数替换被解释变量,对应的解释变量替换为 OFDI 存量取对数。门槛回归结果如表 7-15 第(1)列所示,结合表 7-16 门槛效应检验,营商环境存在显著的单一门槛效应,门槛值(57.3147)低于基准回归,当营商环境低于门槛值时,对外直接投资的系数为负并不显著,OFDI 对母国技术创新没有显著的影响;当营商环境超过门槛值后,OFDI 显著促进母国技术创新。再者,考虑到第(1)列的解释变量为 OFDI 存量数据,第(2)列将被解释变量替换为以 2004 年为基期的累计数据并取对数,门槛回归结果与第(1)列一致。

再者,受新冠疫情的冲击,2020 年 OFDI、全球货物贸易及世界经济都呈现萎缩趋势①。为了排除 2020 年数据带来的估计偏差,这里剔除了 2020 年数据,重新进行门槛效应检验。第(3)~第(5)列分别对应总样本、发达国家以及新兴国家样本,三者都存在显著的单一门槛效应,对外直接投资的估计系数都在 1% 的显著性水平上显著,系数方向由负转正,与基准回归一致。

表 7-15　　　　　　　　排除干扰的门槛回归结果

变量	(1)	(2)	(3)	(4)	(5)
对外直接投资_1	-0.0254 (0.0218)	-0.0217 (0.0190)	-0.1571*** (0.0088)	-0.1656*** (0.0155)	-0.1189*** (0.0302)
对外直接投资_2	0.1722*** (0.0434)	0.1673*** (0.0378)	0.1506*** (0.0127)	0.1439*** (0.0221)	0.6537*** (0.0493)
控制变量	是	是	是	是	是
个体固定效应	是	是	是	是	是

---

① 商务部:《2020 年度中国对外直接投资统计公报》。

续表

变量	（1）	（2）	（3）	（4）	（5）
年份固定效应	是	是	是	是	是
观测值	1840	1840	1725	525	480
F	83.61***	106.85***	586.27***	532.74***	1219.54***
R^2	0.1489	0.1058	0.3910	0.4273	0.4399

注：①对外直接投资_1和对外直接投资_2表示对外直接投资被门槛值所划分的区制，***表示1%的显著性水平，括号内为标准误；②第（1）、（2）列控制变量中外商直接投资和资本的单位调整为百亿美元，收入水平的单位调整为千美元。

表7-16　　　　　　　　排除干扰的门槛效应检验

门槛变量	门槛类型	门槛值	F值	P值	临界值 10%	临界值 5%	临界值 1%
营商环境	单一	57.3147	17.88**	0.0500	15.3737	17.7695	28.3829
营商环境	单一	57.3147	21.58***	0.0067	10.5547	14.4452	19.3739
营商环境	单一	82.4986	726.33***	0.0000	76.0419	137.7321	248.4584
营商环境	单一	82.4986	238.31***	0.0000	60.5214	102.7462	139.0041
营商环境	单一	79.5854	271.20***	0.0000	56.6813	77.3112	133.9393

注：①P值和临界值是Bootstrap模拟300次的结果，***、**分别表示1%、5%的显著性水平；②门槛检验结果汇报顺序与表7-15回归结果一一对应。

此外，构建OFDI与营商环境的交互项也是证实营商环境具有调节效应方法之一，回归结果如表7-17第（1）列所示，对外直接投资与营商环境交互项的系数显著为正，对外直接投资的系数显著为负，说明营商环境对OFDI与母国技术创新的关系具有显著的调节效应。第（2）列为滞后1期的回归结果，交互项系数在5%的显著性水平上显著。第（3）、（4）列分别为发达国家和新兴国家的回归结果，尽管交互项系数都为正，但显著性水平存在差异，发达国家在10%的显著性水平上显著，新兴国家在1%的显著性水平上显著，说明营商环境对两类国家均具有调节效应，且对新兴国家的调节效应更优。由于专利申请量为非负整数,且样本出现断尾,为避免普通 OLS 估计带来的偏误,第(5)列采用 Tobit 估计方法①,第(6)列为滞后 1 期的 Tobit 估计,两者交互项的系数均在 1% 的显著性水平上为正。因此,面板固定效应和 Tobit 模型的回归结果再次印证了基准门槛回归结果的真实性。

表 7-17　　　　　　　替换估计方法的稳健性检验结果

变量	总样本	滞后 1 期	发达国家	新兴国家	Tobit 估计	
	(1)	(2)	(3)	(4)	(5)	(6)
对外直接投资	-0.4587*** (0.1263)	-0.3425*** (0.1141)	-0.5850** (0.2655)	-0.6617*** (0.1458)	-1.0304*** (0.1335)	-0.6288*** (0.1190)
营商环境	-33.4985 (55.3507)	-23.3540 (50.0025)	-136.0688 (252.7332)	-53.6355 (48.0491)	34.0711 (59.4173)	30.1864 (50.7813)
对外直接投资× 营商环境	0.0046*** (0.0016)	0.0032** (0.0014)	0.0061* (0.0033)	0.0107*** (0.0022)	0.0123*** (0.0017)	0.0069*** (0.0015)
控制变量	是	是	是	是	是	是
个体固定效应	是	是	是	是	是	是
年份固定效应	是	是	是	是	是	是
观测值	1725	1725	525	480	1725	1725
R^2	0.1370	0.1401	0.1682	0.1842		
Log-likelihood					-14124.552	-13807.477

注：***、**、* 分别表示 1%、5%、10% 的显著性水平,括号内为标准误。

第四节　小　　结

OFDI 与母国技术创新的关联具有不确定性,既存在促进效应也存在抑制效应。跨国企业在进行 OFDI 的过程中,通过"研发学习"和"研发合作"来提高技术水平,并以"竞争效应"和"示范效应"将技术在母国行业内和

---

① 经 LR 检验,使用随机效应模型。

第七章 | 对外直接投资、营商环境与母国技术创新

行业间进行转移和扩散，进而促进母国技术创新。由于存在国内投资挤出、国内外技术和制度差异而额外产生的组织成本和协调成本，以及由外来者劣势、文化差异等引致的不确定性，OFDI可能抑制母国技术创新。母国营商环境影响跨国企业OFDI的意愿与动机、国外技术研发、国内技术转移与扩散等，进而对OFDI与母国技术创新的关系产生门槛效应。本章使用2004~2020年全球115个国家OFDI的面板数据，以营商环境为门槛变量，运用门槛回归模型，对第三章中的理论命题6和理论命题7进行实证检验。得到的主要结论如下所示。

首先，受母国营商环境的影响，OFDI对母国技术创新的影响呈现"V"型非线性变化特征。经门槛回归检验，我们发现，营商环境具有显著的单一门槛效应，在被门槛值划分的两个区制内，对外直接投资的系数方向相反。当一国的营商环境低于门槛值时，该国OFDI对技术创新产生消极影响；当一国的营商环境超过门槛值后，该国OFDI对技术创新产生积极影响。

其次，OFDI对母国技术创新的非线性影响具有显著的国家异质性。虽然受营商环境影响，发达国家和新兴国家OFDI都与母国技术创新呈"V"型的非线性关系，但是发达国家OFDI促进技术创新的营商环境门槛值更高，新兴国家OFDI对母国技术创新的正向影响更大。对两个样本的数据进行统计分析后发现，营商环境指标处于促进母国技术创新区间的样本尚在少数，故而优化营商环境对跨国投资与母国技术创新都具有重要意义。

另外，克服内生性、替换指标、替换估计方法等稳健性检验依然支持上述研究结论。在内生性问题的处理上，我们既对相关变量做滞后处理，又依据基准回归的门槛值划分两个子样本，分别进行系统GMM估计。随后，以营商环境影响OFDI与母国技术创新关系的三个方面为依据，替换门槛变量。接下来，替换了解释变量与被解释变量。最后，鉴于被解释变量的代理指标为非负整数，普通估计可能带来偏误，我们尝试从两个方面解决这一问题：一是将专利数据取对数作为被解释变量，以OFDI存量取对数为解释变量，进行双对数回归；二是在调节效应回归中采用Tobit估计方法。

第八章 主要结论与政策建议

第一节 主要结论

科技创新是国之重器,必须依靠自主创新,而自主创新是开放环境下的创新,需充分利用国际、国内两种资源和两大市场。在构建新发展格局的背景下,探究对外直接投资对母国技术创新的影响,对推动更深层次的改革和更高水平的开放具有重要意义。与以往立足于发达国家的研究不同,本书将对外直接投资外生化,立足于中国企业创新构建了一个局部均衡模型,分析了对外直接投资影响技术创新的理论逻辑。在此基础上,从研发成本和市场价值着手,本书研究了中国与东道国制度距离对 OFDI 与技术创新关系的调节效应。此外,本书构建了基于企业利润最大化的简化模型,从母国营商环境视角,为 OFDI 与母国技术创新的关联提供了一个新的解释。沿着理论分析的思路,本书依据 2003~2019 年中国上市公司的面板数据,构建多期 DID 计量模型,以检验 OFDI 对企业技术创新的影响。而后,以中国上市公司海外子公司数量表示 OFDI 速度,本书构建包含 OFDI 速度平方项的计量模型,检验了 OFDI 速度与技术创新的非线性关系,并进行了内生性处理、稳健性检验、异质性分析、机制分析等。再者,本书构建包含 OFDI 速度与制度距离的交互项的计量模型,重点检验制度距离的调节效应,并分析了正式与非正式制度距离的差异。此外,本书依据 2004~2020 年 115 个国家 OFDI 的面板数据,采用门槛回归检验方法,验证在母国营商环境的影响下,OFDI 与母国技术创新之间的非线性关系。经理论分析与实证检验，本书得到的基本结论如下所示。

第一，OFDI 能够促进企业技术创新，且逆技术梯度 OFDI 对企业技术创新的正向影响效应更强。在理论模型中，逆技术梯度 OFDI 将创新部门转移至高收入国家，建立研发中心，并与东道国的创新企业（或机构）合作研发，学习高端技术、获取前沿市场信息与互补性研发资源，降低边际研发成本，提高创新动力。顺技术梯度 OFDI 将生产转移至低收入国家，降低生产成本、开拓产品销售市场、提高企业利润、获取互补性生产资源。同时，跨国企业也产生技术溢出，东道国的低成本优势激励中国创新企业进一步提升产品质量。两种对外直接投资都对企业技术创新产生积极的影响，但逆技术梯度 OFDI 的边际正向影响更大。在实证分析中，利用 2003~2019 年中国 A 股上市公司的面板数据，以跨国企业作为实验组，非跨国企业作为对照组，依据跨国企业首次对外直接投资的年份，进行多期双重差分回归。基准回归结果显示，与非跨国企业相比，跨国企业选择 OFDI 显著促进了技术创新。在进行平行趋势检验、安慰剂检验、工具变量法、逐期 PSM-DID、替换变量与估计方法等一系列的内生性处理和稳健性检验后，基准回归结果依然成立。

第二，OFDI 速度对企业技术创新的边际正向影响效应呈递减趋势。在理论模型中，跨国投资初期，加快海外投资步伐可以保障模仿学习、经验累积、获得互补性资源的连续性，持续提供新知识与新资源，为跨国企业技术创新注入动力。然而，随着海外扩张的加快，对外直接投资将会影响到母国国内的投资，面临因技术相容性问题而引致的部分效率损失，也因市场文化差异而有损于企业经营绩效，进而导致 OFDI 对企业技术创新产生的边际正向影响逐渐变小，即 OFDI 对企业技术创新的影响函数为凹函数。因此，OFDI 速度对技术创新的影响并非简单的线性关系，而是边际递减的正向影响。在实证分析中，OFDI 速度平方项的系数显著为负，并满足倒"U"型关系的三个判断条件，且大多数的样本位于临界值的左边，支持了理论分析的观点。2SLS 估计、系统 GMM 估计以及一系列的稳健性检验都支持了基准回归结果。

第三，OFDI对企业技术创新的积极影响通过增加研发投入、提高研发效率和资源配置效率路径实现。在理论模型中，跨国投资或建立海外研发中心与国际先进技术接轨，或转移生产以降低成本。企业逐渐提升学习、模仿先进知识与高端技术的效率，不断地累积互补性资源，提高了研发效率和资源配置效率，降低了边际研发成本，增加了研发投入，提高了创新成功的可能性，进而提升母国企业创新率。因此，我们将OFDI以减少边际研发成本的形式纳入模型。鉴于研发效率和资源配置效率是企业降低研发成本的源泉，增加研发投入是企业降低研发成本的直接表现，我们实证检验了三者路径的存在性。多期DID的机制分析显示，OFDI增加了企业的研发投入，提高了企业的研发效率和资源配置效率。OFDI速度的机制分析显示，OFDI速度有利于企业提高研发效率和资源配置效率，但对增加研发投入的动力不足。

第四，中国与东道国的制度距离对OFDI与企业技术创新的关系具有显著的调节效应。其中，正式制度距离削弱了OFDI速度对技术创新的正向影响，非正式制度距离则加强了这种正向影响。在理论分析中，正式制度距离影响跨国企业在东道国的模仿学习与研发合作效率、生产经营活动及利润转移的效率，非正式制度距离影响跨国企业在东道国获取互补研发资源的多寡与累积发展经验的难易程度，两者共同作用于边际研发成本和市场价值。当正式制度距离越小、非正式制度距离越大时，OFDI引致的边际研发成本越低，市场价值越高，对企业技术创新的提升具有加强作用。实证检验结果显示，正式制度距离负向调节OFDI速度与企业技术创新的关系，非正式制度距离则发挥正向调节效应，支持了理论分析的观点。

第五，受母国营商环境影响，OFDI与母国技术创新呈现"V"型的非线性变化特征。具体而言，当一国处于营商便利度的下端，该国OFDI对母国技术创新产生消极影响；当营商环境达到一定的便利程度后，各国OFDI对母国技术创新产生积极影响。在理论分析中，母国营商环境影响OFDI的意愿与动机、国际市场中的生产与研发活动以及国内技术转移与扩散，进而作用于技术创新的预期收益。数理推导说明，OFDI与母国技术创新的关联受母国营商环境的影响，当母国营商环境高于临界值时，OFDI促进技术创新；反之，则阻碍技术创新。发达国家凭借雄厚的技术基础和全球价值链位置，对先进技术的创造、整合与吸收能力更强，而新兴国家的技术寻求动机更强，两者分别作用于预期收益的不同方面。数理推导得到，发达国家OFDI促进母国技术创新的营商环境临界值更高，新兴国家OFDI对技术创新的正向影响更大。基于面板门槛回归模型的实证检验结果支持了理论分析的观点。

第二节　政策建议

当前，中国正在加快构建以国内大循环为主体、国内国际双循环相互促进的新发展格局。新发展格局要求对内进行更深层次的改革，对外进行更高水平的开放。本书对于中国构建新发展格局有如下的理论启示。

第一，鼓励和支持中国企业更高水平地"走出去"，提高OFDI的质量，增强中国参与国际竞争与合作的新优势。近年来，中国不断扩大对外直接投资，全球占比也在不断攀升。2020年，中国对外直接投资领跑其他国家，所占全球份额超过20%。前文研究发现，企业选择OFDI的确可以促进技术创新，但其边际正向影响呈递减趋势。今后，中国企业在积极扩大对外投资规模的同时，应更加注重持续推动高水平与高质量的对外投资，尤其重视以技术提升为导向的国际并购和国际合作研发，深度参与国际技术分工与合作，构建更高效率与更高水平的国际循环，改善生产要素的质量与配置水平，实现核心技术的突破。

第二，充分认识制度距离的优劣势，有针对性地规避风险，提升国际循环的质量，实现国际循环促进国内循环的目标。鉴于中国与东道国的制度距离在OFDI的技术创新绩效中具有调节效应，且正式制度距离与非正式制度距离分别发挥负向和正向的调节效应。从制度风险和投资效率的角度考虑，企业海外投资应尽量选择正式制度相近的国家（或地区），增加海外投资对提升研发效率和资源配置效率的贡献。同时，企业 OFDI 也应尽量避免流向非正式制度相近的国家（或地区），以充分利用国际市场与国际资源，促进不同技术的相互融合、多元文化与知识的碰撞，为技术创新提供互补性资源，以更高质量的国际循环促进国内大循环，实现更高效的国内国际双循环相互促进的新发展格局。

第三，持续优化国内营商环境，降低国内市场的交易成本，促进国内大循环，增强 OFDI 对技术创新的促进效应，促成国内市场与国际市场的高水平互动。上述研究可知，当营商环境达到一定便利度后，无论是发达国家还是新兴国家，OFDI 对母国技术创新都具有促进作用。从 2015 年的"放管服"改革到 2019 年《优化营商环境条例》的出台，中国不断地优化营商环境，以进一步激发企业活力与社会创造力。据《2020 年全球营商环境报告》统计，中国的营商环境在全球 190 个国家中排名第 31 位，较 2019 年上升 15 位。由于营商环境指标是依据中国第一和第二大商业城市的数据指标计算而得，该指标通常代表一个国家营商便利度的上限。北京和上海的营商便利度较高，并不意味着国内其他地区的营商环境也一样好。在新发展阶段，必须继续深化改革，完善市场准入、市场运行和市场退出机制，打破市场分割和地方保护，加快形成国内统一大市场，不断健全市场准入"负面清单"制度，实施"全国一张清单"的管理模式，加快提升全国的营商环境便利度。通过提高营商环境质量、优化制度安排，增强 OFDI 对技术创新的促进作用，以深层次的改革促进高水平的开放。

第四，注重提升企业的组织学习能力，避免盲目地实施"一刀切"，不同企业依据自身特征与制度偏好，合理选择投资水平与投资区位。基于组织学习的重要性，跨国企业应继续优化组织学习，准确把握市场前沿信息，降低技术研发的风险与不确定性，充分发挥探索式组织学习创造新知识的优势，提高技术研发效率，加强跨国投资在母国技术创新中的积极影响。国有企业应注重适度投资，注重开展高质量的对外直接投资，注意规避非正式制度极为相近的投资区位，增加获取互补性自然资源与研发资源的可能性，提高国际循环的质量，为国内大循环提供有力的支持。非国有企业应进一步扩大更高水平的对外开放，同时尽量选择正式制度质量更高的地区投资，减少交易成本，降低制度风险，提高 OFDI 对技术创新的激励效应。

第五，积极扩大对发达国家的直接投资，以更高水平的 OFDI 构建自主可控的技术创新体系。上述研究可知，逆技术梯度 OFDI 比顺技术梯度 OFDI 对企业技术创新的促进效应更强。据《2020 年度中国对外直接投资统计公报》的统计数据，2020 年末，中国对外直接投资存量中的绝大部分（89.1%）流向发展中国家，仅不足一成（9.8%）分布在发达国家。今后，中国应积极增加对发达国家的直接投资比重，鼓励和支持企业沿着全球产业链、供应链和价值链攀升的方向进行直接投资，加强与拥有国际顶尖技术的企业（或机构）的交流与合作，获取前沿知识、高端技术的溢出，优化研发资源的配置结构，突破关键技术的创新瓶颈，沿着价值链延伸方向持续跃升，增强国内产业链与供应链的韧性。

总之，实现国内国际双循环相互促进，要求深化改革与对外开放的内外平衡。既要进一步深化改革、优化制度建设、持续激励创新，以创新驱动发展；又要提升高水平的对外开放，构建全方位的开放新格局，实现以高效率的开放促高质量的发展。

附 录

附录 A

将 (3-2) 式、(3-3) 式、(3-8) 式和 (3-9) 式分别代入 (3-13) 式和 (3-14) 式, 再加上 (3-18) 式和 (3-19) 式, 整理可得:

$$(\rho+\iota_M) w_H a_H = E\left(1-\frac{w_H}{\lambda}\right) \tag{A-1}$$

$$(\rho+\iota_H)\frac{a_M}{I_N} = E\left(1-\frac{1}{\lambda}\right) \tag{A-2}$$

$$a_F \iota_F n_M + a_H \iota_H n_M + \frac{n_H E}{\lambda} = L_H \tag{A-3}$$

$$\frac{1}{I_N} a_M \iota_M n_H + \frac{n_M E}{\lambda} = L_M \tag{A-4}$$

将 $\phi_M = \iota_H n_M = \iota_M n_H = \iota_T n_M$, $n_H = \frac{\phi_M}{\iota_M}$, $n_M = \frac{\phi_M}{\iota_H}$ 代入以上方程, 得到 (3-22) 式至 (3-25) 式, 整理可得:

$$(\rho+\iota_M) w_H a_H - E\left(1-\frac{w_H}{\lambda}\right) = 0 \tag{A-5}$$

$$(\rho+\iota_H)\frac{a_M}{I_N} - E\left(1-\frac{1}{\lambda}\right) = 0 \tag{A-6}$$

$$\left(a_H + a_F + \frac{E}{\lambda \iota_M}\right)\phi_M - L_H = 0 \tag{A-7}$$

$$\left(\frac{a_M}{I_N} + \frac{E}{\lambda \iota_H}\right)\phi_M - L_M = 0 \tag{A-8}$$

由以上四个方程组成的经济系统中, 内生变量为 ϕ_M, w_H, ι_M, ι_H。对

（A-5）式~（A-8）式关于 I_N 求偏导可得：

$$\left[(\rho+\iota_M)a_H+\frac{E}{\lambda}\right]\frac{\partial w_H}{\partial I_N}+a_H w_H\frac{\partial \iota_M}{\partial I_N}=0 \qquad (A-9)$$

$$\frac{a_M\partial \iota_H}{I_N \partial I_N}-\frac{(\rho+\iota_H)a_M}{I_N^2}=0 \qquad (A-10)$$

$$\left(a_H+a_F+\frac{E}{\lambda\iota_M}\right)\frac{\partial \phi_M}{\partial I_N}-\frac{E\phi_M\partial \iota_M}{\lambda\iota_M^2\partial I_N}=0 \qquad (A-11)$$

$$\left(\frac{a_M}{I_N}+\frac{E}{\lambda\iota_H}\right)\frac{\partial \phi_M}{\partial I_N}-\frac{E\phi_M\partial \iota_H}{\lambda\iota_H^2\partial I_N}-\frac{a_M\phi_M}{I_N^2}=0 \qquad (A-12)$$

整理可得：

$$\frac{\partial \iota_H}{\partial I_N}=\frac{\rho+\iota_H}{I_N} \qquad (A-13)$$

$$\frac{\partial \phi_M}{\partial I_N}=\frac{[(\rho+\iota_H)EI_N+\lambda a_M\iota_H^2]\phi_M}{\iota_H EI_N^2+\lambda a_M\iota_H^2 I_N} \qquad (A-14)$$

$$\frac{\partial \iota_M}{\partial I_N}=\frac{[(a_H+a_F)\lambda\iota_M+E]\times[(\rho+\iota_H)EI_N+\lambda a_M\iota_H^2]}{(\lambda a_M\iota_H+EI_N)E\iota_H I_N} \qquad (A-15)$$

$$\frac{\partial w_H}{\partial I_N}=-\frac{[(a_H+a_F)\lambda\iota_M+E]\times[(\rho+\iota_H)EI_N+\lambda a_M\iota_H^2]\lambda a_H w_H}{(\lambda a_M\iota_H+EI_N)[(\rho+\iota_M)\lambda a_H+E]E\iota_H I_N} \qquad (A-16)$$

由于 ρ、λ、a_H、a_M、a_F、E、I_N、w_H、ι_H、ι_M、ϕ_M 均为非负数，所以得到：$\frac{\partial \phi_M}{\partial I_N}>0$，$\frac{\partial w_H}{\partial I_N}<0$，$\frac{\partial \iota_M}{\partial I_N}>0$，$\frac{\partial \iota_H}{\partial I_N}>0$。

附录 B

将（3-4）式至（3-6）式、（3-10）式至（3-12）式分别代入（3-15）式至（3-17）式，再加上（3-20）式和（3-21）式，得到以下五个方程：

$$\frac{\rho w_M a_M}{I_N} = E\left(1-\frac{w_M}{\lambda}\right) \qquad (B-1)$$

$$(\rho+\iota_M)a_O = E\left(1-\frac{1}{\theta}\right) \qquad (B-2)$$

$$(\rho+\iota_O)\frac{w_M a_M}{I_N} = E\left(1-\frac{\theta}{\lambda}\right) \qquad (B-3)$$

$$\frac{1}{I_N}a_M\iota_M n_O + \frac{n_M E}{\lambda} = L_M \qquad (B-4)$$

$$a_O \iota_O n_F + \frac{n_O E}{\theta} + \frac{n_F E}{\lambda} = L_O \qquad (B-5)$$

将 $\phi_M = \iota_M n_O = \iota_O n_F$，$n_F = \dfrac{\phi_M}{\iota_O}$，$n_O = \dfrac{\phi_M}{\iota_M}$，代入（B-1）式至（B-5）式得到（3-29）式至（3-33）式，经整理得到：

$$\frac{\rho w_M a_M}{I_N} - E\left(1-\frac{w_M}{\lambda}\right) = 0 \qquad (B-6)$$

$$(\rho+\iota_M)a_O - E\left(1-\frac{1}{\theta}\right) = 0 \qquad (B-7)$$

$$(\rho+\iota_O)\frac{w_M a_M}{I_N} - E\left(1-\frac{\theta}{\lambda}\right) = 0 \qquad (B-8)$$

$$\frac{a_M \phi_M}{I_N} + \frac{n_M E}{\lambda} - L_M = 0 \qquad (B-9)$$

$$\left(a_O + \frac{E}{\theta \iota_M} + \frac{E}{\lambda \iota_O}\right)\phi_M - L_O = 0 \qquad (B-10)$$

由以上五个方程组成的经济系统中，内生变量为：ϕ_M，w_M，n_M，ι_M，ι_O。对（B-6）式至（B-10）式关于 I_N 求偏导可得：

$$\left(\frac{\rho a_M}{I_N}+\frac{E}{\lambda}\right)\frac{\partial w_M}{\partial I_N}-\frac{\rho w_M a_M}{I_N^2}=0 \qquad (B-11)$$

$$\frac{\partial \iota_M}{\partial I_N}=0 \qquad (B-12)$$

$$\frac{(\rho+\iota_O)a_M}{I_N}\frac{\partial w_M}{\partial I_N}+\frac{w_M a_M}{I_N}\frac{\partial \iota_O}{\partial I_N}-(\rho+\iota_O)\frac{w_M a_M}{I_N^2}=0 \qquad (B-13)$$

$$\frac{a_M}{I_N}\frac{\partial \phi_M}{\partial I_N}+\frac{E}{\lambda}\frac{\partial n_M}{\partial I_N}-\frac{a_M \phi_M}{I_N^2}=0 \qquad (B-14)$$

$$\left(a_O+\frac{E}{\theta \iota_M}+\frac{E}{\lambda \iota_O}\right)\frac{\partial \phi_M}{\partial I_N}-\frac{E\phi_M}{\theta \iota_M^2}\frac{\partial \iota_M}{\partial I_N}-\frac{E\phi_M}{\lambda \iota_O^2}\frac{\partial \iota_O}{\partial I_N}=0 \qquad (B-15)$$

整理可得：

$$\frac{\partial w_M}{\partial I_N}=\frac{\lambda \rho a_M w_M}{(\lambda \rho a_M+EI_N)I_N} \qquad (B-16)$$

$$\frac{\partial \iota_O}{\partial I_N}=\frac{(\rho+\iota_O)E}{\lambda \rho a_M+EI_N} \qquad (B-17)$$

$$\frac{\partial \phi_M}{\partial I_N}=\frac{(\rho+\iota_O)E^2 \theta \iota_M \phi_M}{(\lambda \rho a_M+EI_N)(\lambda \theta a_O \iota_O \iota_M+E\lambda \iota_O+E\theta \iota_M)\iota_O} \qquad (B-18)$$

$$\frac{\partial n_M}{\partial I_N}=\frac{[(\lambda \rho a_M+EI_N)(\lambda \theta a_O \iota_O \iota_M+E\lambda \iota_O)\iota_O+\lambda \rho \theta a_M E \iota_O \iota_M-E^2 \rho \theta I_N \iota_M]}{(1/\lambda a_M \phi_M)(\lambda \rho a_M+EI_N)(\lambda \theta a_O \iota_O \iota_M+E\lambda \iota_O+E\theta \iota_M)E \iota_O I_N^2}$$

(B-19)

由于 ρ、λ、θ、a_M、a_O、E、I_N、w_M、ι_O、ι_M、ϕ_M 均为非负数，所以得到：$\frac{\partial \phi_M}{\partial I_N}>0$，$\frac{\partial w_M}{\partial I_N}>0$，$\frac{\partial \iota_O}{\partial I_N}>0$。

附录 C

由（3-38）式减去（3-39）式可得：

$$\Delta = \frac{(\rho+\iota_H+\lambda a_M\iota_H^2)(\lambda\rho a_M+1)(\lambda\theta\iota_M+\lambda+\theta\iota_M)\phi_M-(\rho+1)(\iota_H+\lambda a_M\iota_H^2)\theta\iota_M\phi_M}{(\lambda\rho a_M+1)(\lambda\theta\iota_M+\lambda+\theta\iota_M)(\iota_H+\lambda a_M\iota_H^2)}$$

$$= \frac{[(\rho+\iota_H+\lambda a_M\iota_H^2)(\lambda\theta\iota_M+\lambda)+\rho\theta\iota_M](\lambda\rho a_M+1)\phi_M+A}{(\lambda\rho a_M+1)(\lambda\theta\iota_M+\lambda+\theta\iota_M)(\iota_H+\lambda a_M\iota_H^2)}$$

$$> \frac{[(\rho+\iota_H+\lambda a_M\iota_H^2)(\lambda\theta\iota_M+\lambda)+\rho\theta\iota_M](\lambda\rho a_M+1)\phi_M}{(\lambda\rho a_M+1)(\lambda\theta\iota_M+\lambda+\theta\iota_M)(\iota_H+\lambda a_M\iota_H^2)}$$

$$>0$$

其中，$A=(\lambda\rho a_M-\rho)(\iota_H+\lambda a_M\iota_H^2)\theta\iota_M\phi_M$。由 $\lambda>1$、$a_M>1$，则 $\lambda\rho a_M>\rho$，可得：$A=(\lambda\rho a_M-\rho)(\iota_H+\lambda a_M\iota_H^2)\theta\iota_M\phi_M>0$。

参 考 文 献

[1] 白俊红,刘宇英.对外直接投资能否改善中国的资源错配[J].中国工业经济,2018(1):60-78.

[2] 鲍洋."一带一路"倡议会引发"债务陷阱"吗——基于中国对外投资合作的视角[J].经济学家,2020(3):45-55.

[3] 蔡灵莎,杜晓君,史艳华,齐朝顺.外来者劣势、组织学习与对外直接投资绩效研究[J].管理科学,2015(4):36-45.

[4] 陈爱贞,陈凤兰,何诚颖.产业链关联与企业创新[J].中国工业经济,2021(9):80-98.

[5] 陈虹,陈韬.金砖国家与发达国家对外直接投资经济增长效应比较研究——基于动态面板工具变量法的分析[J].国际贸易问题,2018(4):72-89.

[6] 陈红,纳超洪,雨田木子,韩翔飞.内部控制与研发补贴绩效研究[J].管理世界,2018(12):149-164.

[7] 陈怀超,范建红.制度距离、中国跨国公司进入战略与国际化绩效:基于组织合法性视角[J].南开经济研究,2014(2):99-117.

[8] 陈经伟,姜能鹏.中国OFDI技术创新效应的传导机制——基于资本要素市场扭曲视角的分析[J].金融研究,2020(8):74-92.

[9] 陈强.高级计量经济学及Stata应用[M].北京:高等教育出版社,2014.

[10] 陈强,刘海峰,汪冬华,徐驰.中国对外直接投资能否产生逆向

技术溢出效应？[J].中国软科学,2016(7):134-143.

[11] 陈强远,林思彤,张醒.中国技术创新激励政策:激励了数量还是质量[J].中国工业经济,2020(4):79-96.

[12] 陈晓林,陈培如.知识产权保护与对外直接投资逆向技术溢出[J].国际贸易问题,2021(11):157-174.

[13] 戴魁早,刘友金.要素市场扭曲与创新效率——对中国高技术产业发展的经验分析[J].经济研究,2016(7):72-86.

[14] 董有德,陈蓓.融资约束、对外直接投资与企业研发支出[J].世界经济研究,2021(3):121-132.

[15] 杜龙政,林润辉.对外直接投资、逆向技术溢出与省域创新能力——基于中国省际面板数据的门槛回归分析[J].中国软科学,2018(1):149-162.

[16] 段军山,庄旭东.金融投资行为与企业技术创新——动机分析与经验证据[J].中国工业经济,2021(1):155-173.

[17] 范爱军,罗璇.中国市场经济地位的确认与改革进程评价——基于经济自由度的视角[J].经济学动态,2009(5):34-38.

[18] 范子英,程可为,冯晨.用地价格管制与企业研发创新:来自群聚识别的证据[J].管理世界,2022(8):156-169.

[19] 冯根福,郑明波,温军,张存炳.究竟哪些因素决定了中国企业的技术创新——基于九大中文经济学权威期刊和A股上市公司数据的再实证[J].中国工业经济,2021(1):17-35.

[20] 高琳.分权的生产率增长效应:人力资本的作用[J].管理世界,2021(3):67-83.

[21] 谷克鉴,李晓静,向鹏飞.解构中国企业对外直接投资的创新效应——基于速度、时间和经验的视角[J].经济理论与经济管理,2020(10):83-98.

[22] 顾夏铭,陈勇民,潘士远.经济政策不确定性与创新——基于我

国上市公司的实证分析[J].经济研究,2018(2):109-123.

[23] 郭蕾,肖有智.碳排放权交易试点是否促进了对外直接投资?[J].中国人口·资源与环境,2022(1):42-53.

[24] 郭卫军,黄繁华.经济自由度的增加能否提高经济增长质量[J].国际贸易问题,2019(12):1-17.

[25] 郭玥.政府创新补助的信号传递机制与企业创新[J].中国工业经济,2018(9):98-116.

[26] 韩先锋,惠宁,宋文飞.OFDI逆向创新溢出效应提升的新视角——基于环境规制的实证检验[J].国际贸易问题,2018(4):103-116.

[27] 韩先锋,宋文飞,李勃昕.互联网能成为中国区域创新效率提升的新动能吗[J].中国工业经济,2019(7):119-136.

[28] 何欢浪,蔡琦晟,章韬.进口贸易自由化与中国企业创新——基于企业专利数量和质量的证据[J].经济学(季刊),2021(2):597-616.

[29] 何瑛,于文蕾,戴逸驰,王砚羽.高管职业经历与企业创新[J].管理世界,2019(11):174-192.

[30] 黄凯南.制度演化经济学的理论发展与建构[J].中国社会科学,2016(5):65-78.

[31] 黄凯南,苗滋坤,乔元波.高校密度如何影响企业创新——来自中国制造业上市公司的证据[J].经济理论与经济管理,2022(3):54-66.

[32] 黄凯南,乔元波.产业技术与制度的共同演化分析——基于多主体的学习过程[J].经济研究,2018(12):161-176.

[33] 黄群慧.新发展格局的理论逻辑、战略内涵与政策体系——基于经济现代化的视角[J].经济研究,2021(4):4-23.

[34] 黄友星,韩婷,赵艳平.东道国知识产权保护与中国对外直接投资:直接效应与空间溢出效应的分析[J].世界经济研究,2021(9):81-98.

[35] 黄远浙,钟昌标,叶劲松,胡大猛.跨国投资与创新绩效——基

于对外投资广度和深度视角的分析 [J]. 经济研究, 2021 (1): 138-154.

[36] 贾俊生, 伦晓波, 林树. 金融发展、微观企业创新产出与经济增长——基于上市公司专利视角的实证分析 [J]. 金融研究, 2017 (1): 99-113.

[37] 贾妮莎, 申晨, 雷宏振, 兰娟丽. 中国企业对外直接投资的"就业效应": 理论机制与实证检验 [J]. 管理评论, 2019 (6): 49-59.

[38] 姜巍. 中国OFDI对国内就业影响的整体效应与区域差异研究 [J]. 国际经贸探索, 2017 (12): 72-85.

[39] 蒋冠宏, 曾靓. 融资约束与中国企业对外直接投资模式: 跨国并购还是绿地投资 [J]. 财贸经济, 2020 (2): 132-145.

[40] 蒋为, 李行云, 宋易珈. 中国企业对外直接投资快速扩张的新解释——基于路径、社群与邻伴的视角 [J]. 中国工业经济, 2019 (3): 62-80.

[41] 黎文靖, 彭远怀, 谭有超. 知识产权司法保护与企业创新——兼论中国企业创新结构的变迁 [J]. 经济研究, 2021 (5): 144-161.

[42] 黎文靖, 郑曼妮. 实质性创新还是策略性创新?——宏观产业政策对微观企业创新的影响 [J]. 经济研究, 2016 (4): 60-73.

[43] 李春涛, 闫续文, 宋敏, 杨威. 金融科技与企业创新——新三板上市公司的证据 [J]. 中国工业经济, 2020 (1): 81-98.

[44] 李华. 创新驱动发展战略下研发支出资本化的会计选择研究——来自A股制造业的经验证据 [J]. 华东经济管理, 2016 (7): 179-184.

[45] 李建强, 高翔, 赵西亮. 最低工资与企业创新 [J]. 金融研究, 2020, 486 (12): 132-150.

[46] 李建强, 赵西亮. 劳动保护与企业创新——基于《劳动合同法》的实证研究 [J]. 经济学 (季刊), 2020 (1): 121-142.

[47] 李娟, 唐珮菡, 万璐, 庞有功. 对外直接投资, 逆向技术溢出与创新能力——基于省级面板数据的实证分析 [J]. 世界经济研究, 2017 (4):

59-71.

[48] 李坤望, 陈维涛, 王永进. 对外贸易, 劳动力市场分割与中国人力资本投资 [J]. 世界经济, 2014 (3): 56-79.

[49] 李磊, 白道欢, 冼国明. 对外直接投资如何影响了母国就业?——基于中国微观企业数据的研究 [J]. 经济研究, 2016 (8): 144-158.

[50] 李磊, 冼国明, 包群. "引进来"是否促进了"走出去"?——外商投资对中国企业对外直接投资的影响 [J]. 经济研究, 2018 (3): 142-156.

[51] 李梅, 柳士昌. 对外直接投资逆向技术溢出的地区差异和门槛效应——基于中国省际面板数据的门槛回归分析 [J]. 管理世界, 2012 (1): 21-32.

[52] 李晓敏, 李春梅. "一带一路"沿线国家的制度风险与中国企业"走出去"的经济逻辑 [J]. 当代经济管理, 2016 (3): 8-14.

[53] 李笑, 华桂宏. 中国高科技企业OFDI速度对创新绩效的影响——基于总体创新, 颠覆式创新和渐进式创新视角 [J]. 南方经济, 2020 (11): 28-46.

[54] 李新春, 肖宵. 制度逃离还是创新驱动?——制度约束与民营企业的对外直接投资 [J]. 管理世界, 2017 (10): 99-112.

[55] 李雪松, 赵宸宇, 聂菁. 对外投资与企业异质性产能利用率 [J]. 世界经济, 2017 (5): 73-97.

[56] 廖庆梅, 刘海云. 基于二元梯度和边际的中国制造业OFDI母国就业效应 [J]. 国际贸易问题, 2018 (6): 133-149.

[57] 林炜. 企业创新激励: 来自中国劳动力成本上升的解释 [J]. 管理世界, 2013 (10): 95-105.

[58] 刘春林, 田玲. 人才政策"背书"能否促进企业创新 [J]. 中国工业经济, 2021 (3): 156-173.

[59] 刘莉亚, 何彦林, 王照飞, 程天笑. 融资约束会影响中国企业对外直接投资吗?——基于微观视角的理论和实证分析 [J]. 金融研究, 2015 (8): 124-140.

[60] 刘文勇. 对外直接投资研究新进展 [J]. 经济学动态, 2020 (8): 146-160.

[61] 刘亚雪, 田成诗, 程立燕. 世界经济高质量发展水平的测度及比较 [J]. 经济学家, 2020 (5): 69-78.

[62] 龙小宁, 易巍, 林志帆. 知识产权保护的价值有多大?——来自中国上市公司专利数据的经验证据 [J]. 金融研究, 2018 (8): 120-136.

[63] 卢盛峰, 董如玉, 叶初升. "一带一路"倡议促进了中国高质量出口吗——来自微观企业的证据 [J]. 中国工业经济, 2021 (3): 80-98.

[64] 卢现祥. 西方新制度经济学 [M]. 北京: 中国发展出版社, 2003.

[65] 鲁桐, 党印. 投资者保护, 行政环境与技术创新: 跨国经验证据 [J]. 世界经济, 2015 (10): 99-124.

[66] 逯苗苗, 宿玉海. 网络嵌入视角下中国制造业企业高质量发展研究 [M]. 北京: 经济科学出版, 2021.

[67] 吕铁, 吴福象, 魏际刚, 等. "中国制造2025"的六重玄机改革传媒发行人, 编辑总监王佳宁深度对话六位知名学者 [J]. 改革, 2015 (4): 5-25.

[68] 马忠新. 营商制度环境与民营经济发展——基于营商文化"基因"的历史考察与实证 [J]. 南方经济, 2021 (2): 106-122.

[69] 毛其淋, 许家云. 中国企业对外直接投资是否促进了企业创新 [J]. 世界经济, 2014 (8): 98-125.

[70] 苗翠芬, 崔凡, 吴伟华. 移民网络与离岸服务外包 [J]. 世界经济, 2020 (1): 97-121.

[71] 苗文龙, 何德旭, 周潮. 企业创新行为差异与政府技术创新支出效应 [J]. 经济研究, 2019 (1): 87-101.

[72] 明秀南,阎虹戎,冼国明.对外直接投资对企业创新的影响分析[J].南方经济,2019(8):39-55.

[73] 聂秀华,江萍,郑晓佳,吴青.数字金融与区域技术创新水平研究[J].金融研究,2021(3):132-150.

[74] 欧锦文,王安生,叶文平.持续性绩效期望落差与OFDI——基于威胁刚性理论视角[J].南方经济,2021(12):112-129.

[75] 欧阳艳艳,蔡宏波,李子健.企业对外直接投资的避税动机、机制和规模:理论与证据[J].世界经济,2022(3):106-133.

[76] 欧阳艳艳,黄新飞,钟林明.企业对外直接投资对母国环境污染的影响:本地效应与空间溢出[J].中国工业经济,2020(2):98-121.

[77] 潘镇,殷华方,鲁明泓.制度距离对于外资企业绩效的影响——一项基于生存分析的实证研究[J].管理世界,2008(7):103-115.

[78] 彭红星,毛新述.政府创新补贴、公司高管背景与研发投入——来自我国高科技行业的经验证据[J].财贸经济,2017(3):147-160.

[79] 綦建红,张志彤.利润驱动还是创新驱动?——排污权交易机制与中国企业对外直接投资[J].产业经济研究,2021(2):15-29.

[80] 屈小娥,赵昱钧,王晓芳.我国对"一带一路"沿线国家OFDI是否促进了绿色发展——基于制度环境和吸收能力视角的实证检验[J].国际经贸探索,2022(6):89-102.

[81] 任胜钢,郑晶晶,刘东华,陈晓红.排污权交易机制是否提高了企业全要素生产率——来自中国上市公司的证据[J].中国工业经济,2019(5):5-23.

[82] 邵军,徐康宁.制度质量、外资进入与增长效应:一个跨国的经验研究[J].世界经济,2008(7):3-14.

[83] 盛斌,毛其淋.贸易开放、国内市场一体化与中国省际经济增长:1985—2008年[J].世界经济,2011(11):44-66.

[84] 孙好雨.地区服务业发展是否促进了中国企业对外直接投资[J].

国际贸易问题，2021（3）：109-124.

[85] 谭洪涛，陈瑶. 集团内部权力配置与企业创新——基于权力细分的对比研究 [J]. 中国工业经济，2019（12）：134-151.

[86] 唐松，伍旭川，祝佳. 数字金融与企业技术创新——结构特征、机制识别与金融监管下的效应差异 [J]. 管理世界，2020（5）：52-66.

[87] 田巍，余淼杰. 企业生产率和企业"走出去"对外直接投资：基于企业层面数据的实证研究 [J]. 经济学（季刊），2012（2）：383-408.

[88] 王桂军，卢潇潇. "一带一路"倡议与中国企业升级 [J]. 中国工业经济，2019（3）：43-61.

[89] 王桂军，张辉. "一带一路"与中国OFDI企业TFP：对发达国家投资视角 [J]. 世界经济，2020（5）：49-72.

[90] 王海成，吕铁. 知识产权司法保护与企业创新——基于广东省知识产权案件"三审合一"的准自然试验 [J]. 管理世界，2016（10）：118-133.

[91] 王晶晶，岳中刚，陈金丹. 服务业对外直接投资与服务企业生产率：基于微观层面的经验证据 [J]. 国际贸易问题，2022（4）：73-90.

[92] 王亮亮，王跃堂. 企业研发投入与资本结构选择——基于非债务税盾视角的分析 [J]. 中国工业经济，2015（11）：125-140.

[93] 王瑞，王永龙. 我国与"丝绸之路经济带"沿线国家农产品进口贸易研究 [J]. 经济学家，2017（4）：97-105.

[94] 王燕妮，张书菊，王方. R&D资本化与费用化政策选择的影响因素研究 [J]. 科学学研究，2013（4）：68-75.

[95] 王永钦，杜巨澜，王凯. 中国对外直接投资区位选择的决定因素：制度、税负和资源禀赋 [J]. 经济研究，2014（12）：126-142.

[96] 王玉泽，罗能生，刘文彬. 什么样的杠杆率有利于企业创新 [J]. 中国工业经济，2019（3）：138-155.

[97] 谢红军，吕雪. 负责任的国际投资：ESG与中国OFDI [J]. 经济

研究，2022（3）：83-99.

[98] 谢孟军，汪同三，崔日明. 中国的文化输出能推动对外直接投资吗？——基于孔子学院发展的实证检验［J］. 经济学（季刊），2017（4）：1399-1420.

[99] 徐细雄，李万利. 儒家传统与企业创新：文化的力量［J］. 金融研究，2019（9）：112-130.

[100] 杨国超，刘静，廉鹏，芮萌. 减税激励、研发操纵与研发绩效［J］. 经济研究，2017（8）：110-124.

[101] 杨慧梅，李坤望. 资源配置效率是否影响了出口产品质量？［J］. 经济科学，2021（3）：31-43.

[102] 杨娇辉，王伟，谭娜. 破解中国对外直接投资区位分布的"制度风险偏好"之谜［J］. 世界经济，2016（11）：3-27.

[103] 杨世迪，刘亚军. 中国对外直接投资能否提升区域绿色创新效率——基于知识产权保护视角［J］. 国际经贸探索，2021（2）：83-98.

[104] 姚树洁，冯根福，王攀，欧境华. 中国是否挤占了OECD成员国的对外投资？［J］. 经济研究，2014（11）：43-57.

[105] 衣长军，徐雪玉，刘晓丹，王玉敏. 制度距离对OFDI企业创新绩效影响研究：基于组织学习的调节效应［J］. 世界经济研究，2018（5）：112-122.

[106] 余明桂，钟慧洁，范蕊. 民营化、融资约束与企业创新——来自中国工业企业的证据［J］. 金融研究，2019（4）：79-91.

[107] 虞义华，赵奇锋，鞠晓生. 发明家高管与企业创新［J］. 中国工业经济，2018（3）：136-154.

[108] 袁然，魏浩. 高管海外经历与中国企业国际化［J］. 财贸研究，2022（5）：73-85.

[109] 臧铖，冼国明，初晓. 外资开放、市场分割与产业升级——基于双循环新发展格局视角的探讨［J］. 南方经济，2022（7）：69-86.

[110] 张栋, 胡文龙, 毛新述. 研发背景高管权力与公司创新 [J]. 中国工业经济, 2021 (4): 156-174.

[111] 张杰, 吴书凤, 金岳. 中国金融扩张下的本土企业创新效应——基于倒 U 型关系的一个解释 [J]. 金融研究, 2021 (4): 55-72.

[112] 张杰, 郑文平. 创新追赶战略抑制了中国专利质量么? [J]. 经济研究, 2018 (5): 28-41.

[113] 张夏, 汪亚楠, 施炳展. 事实汇率制度选择、企业生产率与对外直接投资 [J]. 金融研究, 2019, 472 (10): 1-20.

[114] 张一力, 周康, 张俊森. 海外市场、制度环境与本土集聚 [J]. 经济研究, 2018 (10): 144-159.

[115] 赵宸宇, 李雪松. 对外直接投资与企业技术创新——基于中国上市公司微观数据的实证研究 [J]. 国际贸易问题, 2017 (6): 105-117.

[116] 赵晶, 迟旭, 孙泽君. "协调统一"还是"各自为政":政策协同对企业自主创新的影响 [J]. 中国工业经济, 2022 (8): 175-192.

[117] 赵勇, 初晓. "国进民进":国有企业在对外直接投资中的作用 [J]. 世界经济, 2021 (5): 53-78.

[118] 赵云辉, 陶克涛, 李亚慧, 李曦辉. 中国企业对外直接投资区位选择——基于 QCA 方法的联动效应研究 [J]. 中国工业经济, 2020 (11): 118-136.

[119] 赵子乐, 林建浩. 海洋文化与企业创新——基于东南沿海三大商帮的实证研究 [J]. 经济研究, 2019 (2): 68-83.

[120] 钟腾, 罗吉罡, 汪昌云. 地方政府人才引进政策促进了区域创新吗?——来自准自然实验的证据 [J]. 金融研究, 2021 (5): 135-152.

[121] 钟腾, 汪昌云. 金融发展与企业创新产出——基于不同融资模式对比视角 [J]. 金融研究, 2017 (12): 127-142.

[122] 周开国, 卢允之, 杨海生. 融资约束、创新能力与企业协同创新 [J]. 经济研究, 2017 (7): 94-108.

［123］周铭山，张倩倩，杨丹．创业板上市公司创新投入与市场表现：基于公司内外部的视角［J］．经济研究，2017（11）：135-149．

［124］周燕，郑涵钰．对外扩张速度与对外投资绩效：对中国上市公司的考察［J］．国际贸易问题，2019（1）：132-146．

［125］周泽将，汪顺，张悦．知识产权保护与企业创新信息困境［J］．中国工业经济，2022（6）：136-154．

［126］朱朝晖．探索性学习、挖掘性学习和创新绩效［J］．科学学研究，2008（4）：860-867．

［127］诸竹君，黄先海，王毅．外资进入与中国式创新双低困境破解［J］．经济研究，2020（5）：99-115．

［128］宗芳宇，路江涌，武常岐．双边投资协定、制度环境和企业对外直接投资区位选择［J］．经济研究，2012（5）：71-82．

［129］Acemoglu, D. Introduction to Economic Growth［J］．Journal of Economic Theory, 2012, 147（2）：545-550．

［130］Acemoglu, D., Gancia, G. and Zilibotti, F. Competing Engines of Growth: Innovation and Standardization［J］．Journal of Economic Theory, 2012, 147（2）：570-601．

［131］Aghion, P., Akcigit, U., Bergeaud, A., et al. Innovation and Top Income Inequality［J］．The Review of Economic Studies, 2019, 86（1）：1-45．

［132］Aghion, P., Bloom, N., Blundell, R., et al. Competition and Innovation: An inverted-U Relationship［J］．The Quarterly Journal of Economics, 2005, 120（2）：701-728．

［133］Aghion, P. and Howitt, P. A Model of Growth Through Creative Destruction［J］．Econometrica, 1992, 60（2）：323-351．

［134］Aguilera, R. V., Ciravegna, L., Cuervo-Cazurra, A. and Gonzalez-Perez, M. A. Multilatinas and the Internationalization of Latin American Firms

[J]. Journal of World Business, 2017, 52 (4): 447-460.

[135] Ahmed, K. and Falk, H. The Value Relevance of Management's Research and Development Reporting Choice: Evidence from Australia [J]. Journal of Accounting and Public Policy, 2006, 25 (3): 231-264.

[136] Akcigit, U., Baslandze, S. and Stantcheva, S. Taxation and the International Mobility of Inventors [J]. American Economic Review, 2016, 106 (10): 2930-2981.

[137] Al-Sadig, M. A. J. Outward Foreign Direct Investment and Domestic Investment: The Case of Developing Countries [J]. IMF Working Papers, 2013.

[138] AlAzzawi, S. Innovation, Productivity and Foreign Direct Investment-Induced R&D Spillovers [J]. The Journal of International Trade & Economic Development, 2012, 21 (5): 615-653.

[139] Anderson, J., Sutherland, D. Entry Mode and Emerging Market MNEs: An Analysis of Chinese Greenfield and Acquisition FDI in the United States [J]. Research in International Business and Finance, 2015, 35: 88-103.

[140] Antràs, P. and Helpman, E. Global Sourcing [J]. Journal of Political Economy, 2004, 112 (3): 552-580.

[141] Arocena, P. and Oliveros, D. The Efficiency of State-Owned and Privatized Firms: Does Ownership Make a Difference? [J]. International Journal of Production Economics, 2012, 140 (1): 457-465.

[142] Aw, B. Y., Roberts, M. J. and Xu, D. Y. R&D Investment, Exporting, and Productivity Dynamics [J]. American Economic Review, 2011, 101 (4): 1312-1344.

[143] Belderbos, R., Lykogianni, E. and Veugelers, R. Strategic R&D Location by Multinational Firms: Spillovers, Technology Sourcing, and Competition [J]. Journal of Economics & Management Strategy, 2008, 17 (3): 759-779.

[144] Benito, G, R, G. Why and How Motives (Still) Matter [J]. The Multinational Business Review, 2015, 23 (1): 15-24.

[145] Bernard, A. B. , Redding, S. J. and Schott, P. K. Comparative Advantage and Heterogeneous Firms [J]. The Review of Economic Studies, 2007, 74 (1): 31-66.

[146] Bertrand, O. and Capron, L. Productivity Enhancement at Home via Cross-Border Acquisitions: The Roles of Learning and Contemporaneous Domestic Investments [J]. Strategic Management Journal, 2015, 36 (5): 640-658.

[147] Beugelsdijk, S. and Mudambi, R. MNEs as Border-Crossing Multi-Location Enterprises: The Role of Discontinuities in Geographic Space [M]. London: Palgrave Macmillan, 2014.

[148] Bonaime, A. , Gulen, H. and Ion, M. Does Policy Uncertainty Affect Mergers and Acquisitions? [J]. Journal of Financial Economics, 2018, 129 (3): 531-558.

[149] Buckley, P. J. and Casson, M. A Long-Run Theory of the Multinational Enterprise [M]. London: Palgrave Macmillan, 1976.

[150] Bustos, P. Trade Liberalization, Exports, and Technology Upgrading: Evidence on the Impact of MERCOSUR on Argentinian Firms [J]. American Economic Review, 2011, 101 (1): 304-340.

[151] Cai, X. , Lu, Y. , Wu, M. and Yu, L. Does Environmental Regulation Drive Away Inbound Foreign Direct Investment? Evidencefrom A Quasi-Natural Experiment in China [J]. Journal of Development Economics, 2016, 123: 73-85.

[152] Cantwell, J. and Piscitello, L. Historical Changes in the Determinants of the Composition of Innovative Activity in MNC Subunits [J]. Industrial and Corporate Change, 2014, 23 (3): 633-660.

[153] Casillas, J. C. and Moreno-Menéndez, A. M. Speed of the Interna-

tionalization Process: The Role of Diversity and Depth in Experiential Learning [J]. Journal of International Business Studies, 2014, 45 (1): 85-101.

[154] Casson, M. and Porter, L. and Wadeson, N. Internalization theory: An Unfinished Agenda [J]. International Business Review, 2016, 25 (6): 1223-1234.

[155] Caves, R. E. International Corporations: The Industrial Economics of Foreign Investment [J]. Economica, 1971, 38 (149): 1-27.

[156] Chang, S. J. and Rhee, J. H. Rapid FDI Expansion and Firm Performance [J]. Journal of International Business Studies, 2011, 42 (8): 979-994.

[157] Chen, K. M. and Yang, S. F. Impact of Outward Foreign Direct Investment on Domestic R&D Activity: Evidence from Taiwan's Multinational Enterprises in Low-Wage Countries [J]. Asian Economic Journal, 2013, 27 (1): 17-38.

[158] Chen, V. Z., Li, J. and Shapiro, D. M. International Reverse Spillover Effects on Parent Firms: Evidences from Emerging-Market MNEs in Developed Markets [J]. European Management Journal, 2012, 30 (3): 204-218.

[159] Chen, V. Z., Li, J., Shapiro, D. M. and Zhang, X. Ownership Structure and Innovation: An Emerging Market Perspective [J]. Asia Pacific Journal of Management, 2014, 31 (1): 1-24.

[160] Chen, Y., Xu, C. and Yi, M. Does the Belt and Road Initiative Reduce the R&D Investment of OFDI Enterprises? Evidence from China's A-share Listed Companies [J]. Sustainability, 2019, 11 (5): 1321.

[161] Cheng, C. and Yang, M. Enhancing Performance of Cross – Border Mergers and Acquisitions in Developed Markets: The Role of Business Ties and Technological Innovation Capability [J]. Journal of Business Research, 2017, 81: 107-117.

[162] Ciesielska, D. and Kołtuniak, M. Outward Foreign Direct Investments

and Home Country's Economic Growth [J]. Physica A: Statistical Mechanics and Its Applications, 2017, 482: 127-146.

[163] Coe, D. T. and Helpman, E. International R&D Spillovers [J]. European Economic Review, 1995, 39 (5): 859-887.

[164] Coe, D. T., Helpman, E. and Hoffmaister, A. W. International R&D Spillovers and Institutions [J]. European Economic Review, 2009, 53 (7): 723-741.

[165] Contractor, F., Yang, Y. and Gaur, A. S. Firm-Specific Intangible Assets and Subsidiary Profitability: The Moderating Role of Distance, Ownership Strategy and Subsidiary Experience [J]. Journal of World Business, 2016, 51 (6): 950-964.

[166] Corcoran, A. and Gillanders, R. Foreign Direct Investment and the Ease of Doing Business [J]. Review of World Economics, 2015, 151 (1): 103-126.

[167] Cozza, C., Rabellotti, R. and Sanfilippo, M. The Impact of Outward FDI on the Performance of Chinese Firms [J]. China Economic Review, 2015, 36: 42-57.

[168] Cuervo-Cazurra, A. State-Owned Multinationals: Governments in Global Businesss (Jibs special collections) [M]. Cham: Springer International Publishing, 2018.

[169] Cuervo-Cazurra, A., Inkpen, A., Musacchio, A. and Ramaswamy, K. Governments as Owners: State-Owned Multinational Companies [J]. Journal of International Business Studies, 2014, 45 (8): 919-942.

[170] Dasgupta, K. Learning and Knowledge Diffusion in a Global Economy [J]. Journal of International Economics, 2012, 87 (2): 323-336.

[171] Debaere, P., Lee, H. and Lee, J. It Matters Where You Go: Outward Foreign Direct Investment and Multinational Employment Growth at Home

[J]. Journal of Development Economics, 2010, 91 (2): 301-309.

[172] Dong, Z., Miao, Z. and Zhang, Y. The Impact of China's Outward Foreign Direct Investment on Domestic Innovation [J]. Journal of Asian Economics, 2021, 75: 101307.

[173] Driffield, N. and Chiang, P. C. The Effects of Offshoring to China: Reallocation, Employment and Productivity in Taiwan [J]. International Journal of the Economics of Business, 2009, 16 (1): 19-38.

[174] Driffield, N., Love, J. H. and Yang, Y. Technology Sourcing and Reverse Productivity Spillovers in the Multinational Enterprise: Global or Regional Phenomenon? [J]. British Journal of Management, 2014, 25: S24-S41.

[175] Dunlap, D., McDonough Ⅲ, E. F., Mudambi, R. and Swift, T. Making up is hard to do: Knowledge Acquisition Strategies and the Nature of New Product Innovation [J]. Journal of Product Innovation Management, 2016, 33 (4): 472-491.

[176] Dunning, J. H. Trade, Location of Economic Activity and the MNE: A Search for an Eclectic Approach [C]. London: The Macmillan Press Ltd., 1977.

[177] Dunning, J. H. Explaining the International Direct Investment Position of Countries: Towards A Dynamic or Developmental Approach [J]. Review of World Economics, 1981, 117 (1): 30-64.

[178] Esteban-Jardim, P. and Urraca-Ruiz, A. Does Internationalization Matter? Comparing the Innovative Performance of Brazilian Multinational and Non-Multinational Companies [J]. Transnational Corporations Review, 2018, 10 (4): 333-358.

[179] Feng, Z., Zeng, B. and Ming, Q. Environmental Regulation, Two-Way Foreign Direct Investment, and Green Innovation Efficiency in China's Manufacturing Industry [J]. International Journal of Environmental Research and Public

Health, 2018, 15 (10): 2292.

[180] Fillat, J. L. and Garetto, S. Risk, Returns, and Multinational Production [J]. The Quarterly Journal of Economics, 2015, 130 (4): 2027-2073.

[181] Fosfuri, A. and Motta, M. Multinationals without Advantages [J]. Scandinavian Journal of Economics, 1999, 101 (4): 617-630.

[182] Glass, A. J. and Saggi, K. Intellectual Property Rights and Foreign Direct Investment [J]. Journal of International Economics, 2002, 56 (2): 387-410.

[183] Glass, A. J. and Wu, X. Intellectual Property Rights and Quality Improvement [J]. Journal of Development Economics, 2007, 82 (2): 393-415.

[184] Grossman, G. M. and Helpman, E. Trade, Knowledge Spillovers, and Growth [J]. European Economic Review, 1991, 35 (2-3): 517-526.

[185] Haans, R. F. J., Pieters, C. and He, Z. L. Thinking about U: Theorizing and Testing U-and Inverted U-shaped Relationships in Strategy Research [J]. Strategic Management Journal, 2016, 37 (7): 1177-1195.

[186] Hansen, B. E. Threshold Effects in Non-Dynamic Panels: Estimation, Testing, and Inference [J]. Journal of Econometrics, 1999, 93 (2): 345-368.

[187] Helpman, E., Melitz, M. J. and Yeaple, S. R. Export versus FDI with HeterogeneousFirms [J]. American Economic Review, 2004, 94 (1): 300-316.

[188] Herzer, D. Outward FDI, Total Factor Productivity and Domestic Output: Evidence from Germany [J]. International Economic Journal, 2012, 26 (1): 155-174.

[189] Hofstede, G. Culture's Consequences: International Differences in Work-Related Values [M]. Beverly Hills, CA: Sage Publications, 1980.

[190] Hong, E., Lee, I. H. I. and Makino, S. Outbound Foreign Direct

Investment (FDI) Motivation and Domestic Employment by Multinational Enterprises (MNEs) [J]. Journal of International Management, 2019, 25 (2): 100657.

[191] Hong, J., Zhou, C., Wu, Y., et al. Technology Gap, Reverse Technology Spillover and Domestic Innovation Performance in Outward Foreign Direct Investment: Evidence from China [J]. China & World Economy, 2019, 27 (2): 1-23.

[192] Hsieh, C., Klenow, P. J. Misallocation and Manufacturing TFP in China and India [J]. Quarterly Journal of Economics, 2009, 124 (1): 1403-1448.

[193] Hsu, P. H., Tian, X. and Xu, Y. Financial Development and Innovation: Cross-Country Evidence [J]. Journal of Financial Economics, 2014, 112 (1): 116-135.

[194] Huang, Y. and Zhang, Y. How does Outward Foreign Direct Investment Enhance Firm Productivity? A Heterogeneous Empirical Analysis from Chinese Manufacturing [J]. China Economic Review, 2017, 44: 1-15.

[195] Hurtado-Torres, N. E., Aragón-Correa, J. A. and Ortiz-de-Mandojana, N. How does R&D Internationalization in Multinational Firms Affect Their Innovative Performance? The Moderating Role of International Collaboration in the Energy Industry [J]. International Business Review, 2018, 27 (3): 514-527.

[196] Hymer, S. H. The International Operations of National Firms, A Study of Direct Foreign Investment [D]. Massachusetts Institute of Technology, 1960.

[197] Iwasaki, I. and Tokunaga, M. Technology Transfer and Spillovers from FDI in Transition Economies: A Meta-Analysis [J]. Journal of Comparative Economics, 2016, 44 (4): 1086-1114.

[198] Jefferson, G. H., Huamao, B., Guan, X. and Yu, X. R&D Performance in Chinese Industry [J]. Economics of Innovation and New Technology, 2006, 15 (4-5): 345-366.

[199] Jiang, R. J., Beamish, P. W. and Makino, S. Time Compression Diseconomies in Foreign Expansion [J]. Journal of World Business, 2014, 49 (1): 114-121.

[200] Jones, S. K. and Stroup, M. D. Economic Freedom and the Mispricing of Single-State Municipal Bond Closed-End Funds [J]. Journal of Economics and Finance, 2013, 37 (2): 173-187.

[201] Juasrikul, S., Sahaym, A., Yim, H. S. and Liu, R. L. Do Cross-Border Alliances with MNEs from Developed Economies Create Firm Value for MNEs from Emerging Economies? [J]. Journal of Business Research, 2018, 93: 98-110.

[202] Kasahara, H. and Lapham, B. Productivity and the Decision to Import and Export: Theory and Evidence [J]. Journal of International Economics, 2013, 89 (2): 297-316.

[203] Kaufmann, D, et al. Governance Matters VI: Aggregate and Individual Governance Indicators, 1996-2006 [M]. Washington D. C.: World Bank Publications, 2007.

[204] Kim, M., Lampert, C. M. and Roy, R. Regionalization of R&D Activities: (Dis) Economies of Interdependence and Inventive Performance [J]. Journal of International Business Studies, 2020, 51 (7): 1054-1075.

[205] Kogut, B. and Singh, H. The Effect of National Culture on the Choice of Entry Mode [J]. Journal of International Business Studies, 1988, 19 (3): 411-432.

[206] Kojima. Direct Foreign Investment [M]. London: Groom Helm, 1978.

[207] Kostova, T. and Zaheer, S. Organizational Legitimacy under Conditions of Complexity: The Case of the Multinational Enterprise [J]. Academy of Management Review, 1999, 24 (1): 64-81.

[208] Kumar, V., Gaur, A., Zhan, W. and Luo, Y. Co-Evolution of MNCs and Local Competitors in Emerging Markets [J]. International Business Review, 2019, 28 (5): 101527.

[209] Lach, S. and Schankerman, M. Incentives and Invention in Universities [J]. The RAND Journal of Economics, 2008, 39 (2): 403-433.

[210] Lall, S. Determinants of R&D in an LDC: The Indian Engineering Industry [J]. Economics Letters, 1983, 13 (4): 379-383.

[211] Li, B. and Wu, S. Effects of Local and Civil Environmental Regulation on Green Total Factor Productivity in China: A Spatial Durbin Econometric Analysis [J]. Journal of Cleaner Production, 2017, 153: 342-353.

[212] Li, C. R. and Yeh, C. H. Leveraging the Benefits of Exploratory Learning and Exploitative Learning in NPD: The Role of Innovation Field Orientation [J]. R&D Management, 2017, 47 (3): 484-497.

[213] Li, L., Liu, X., Yuan, D. and Yu, M. Does Outward FDI Generate Higher Productivity for Emerging Economy MNEs? - Micro-Level Evidence from Chinese Manufacturing Firms [J]. International Business Review, 2017, 26 (5): 839-854.

[214] Li, J., Strange, R., Ning, L. and Sutherland, D. Outward Foreign Direct Investment and Domestic Innovation Performance: Evidence from China [J]. International Business Review, 2016, 25 (5): 1010-1019.

[215] Liang, F. H. Does Foreign Direct Investment Improve the Productivity of Domestic Firms? Technology Spillovers, Industry Linkages, and Firm Capabilities [J]. Research Policy, 2017, 46 (1): 138-159.

[216] Lichtenberg, F. R. and Pottelsberghe, B. P. International R&D Spillovers: A Comment [J]. European Economic Review, 1998, 42 (8): 1483-1491.

[217] Lim, G. C. and McNelis, P. D. Unconventional Monetary and Fiscal

Policies in Interconnected Economies: Do Policy Rules Matter? [J]. Journal of Economic Dynamics and Control, 2018, 93: 346-363.

[218] Lin, C., Ma, Y., Malatesta, P. and Xuan, Y. Corporate Ownership Structure and Bank Loan Syndicate Structure [J]. Journal of Financial Economics, 2012, 104 (1): 1-22.

[219] Lin, C., Lin, P., Song, F. M. and Li, C. Managerial Incentives, CEO Characteristics and Corporate Innovation in China's Private Sector [J]. Journal of Comparative Economics, 2011, 39 (2): 176-190.

[220] Lin, H. L., Hsiao, Y. C. and Lin, E. S. Do Different Types of FDI Strategies Spur Productivity and Innovation Capability Growth? Evidence from Taiwanese Manufacturing Firms [J]. Journal of Business Economics and Management, 2015, 16 (3): 599-620.

[221] Lin, H. and Lin, E. S. FDI, Trade, and Product Innovation: Theory and Evidence [J]. Southern Economic Journal, 2010, 77 (2): 434-464.

[222] Lin, H. and Yeh, R. S. The Interdependence between FDI and R&D: An Application of an Endogenous Switching Model to Taiwan's Electronics Industry [J]. Applied Economics, 2005, 37 (15): 1789-1799.

[223] Lin, J. Y., Sun, X., and Jiang, Y. Endowment, Industrial Structure, and Appropriate Financial Structure: A New Structural Economics Perspective [J]. Journal of Economic Policy Reform, 2013, 16 (2): 109-122.

[224] Liu, W. H., Tsai, P. L. and Tsay, C. L. Domestic Impacts of Outward FDI in Taiwan: Evidence from Panel Data of Manufacturing Firms [J]. International Review of Economics & Finance, 2015, 39: 469-484.

[225] Liu, Y. and Yu, Y. Institutions, Firm Resources and the Foreign Establishment Mode Choices of Chinese Firms: The Moderating Role of Home Regional InstitutionalDevelopment [J]. Journal of Business Research, 2018, 93: 111-121.

[226] Luo, Y. , Xue, Q. and Han, B. How Emerging Market Governments Promote Outward FDI: Experience from China [J]. Journal of World Business, 2010, 45 (1): 68-79.

[227] MacDougall, G. D. A. The Benefits and Costs of Private Investment from Abroad: A Theoretical Approach [J]. Economic Record, 1960, 36 (73): 13-35.

[228] Mathews, J. A. Dragon Multinationals: New Players in 21st Century Globalization [J]. Asia Pacific Journal of Management, 2006, 23 (1): 5-27.

[229] Melitz, M. J. The Impact of Trade on Intra-Industry Reallocations and Aggregate Industry Productivity [J]. Econometrica, 2003, 71 (6): 1695-1725.

[230] Morris, S. , and Jain, P. EmpiricalStudy on Inter – Country OFDI [R]. MPRA Paper, 2013.

[231] Newman, C. , Rand, J. , Talbot, T. and Tarp, F. Technology Transfers, Foreign Investment and Productivity Spillovers [J]. European Economic Review, 2015, 76: 168-187.

[232] North, D. C. Institutions, Institutional Change and Economic Performance [M]. Cambridge University Press, 1990.

[233] North, D. C. Structure and Change in Economic History [M]. New York: Norton, 1981.

[234] North, D. C. Toward A Theory of Institutional Change [J]. Political Economy: Institutions, Competition and Representation, 1993, 31 (4): 61 – 69.

[235] Nurkse, R. Causes and Effects of Capital Movements [M]. H. John & Dunning (Eds.). International Investment. Middlesex: Penguin Books, 1933.

[236] Padilla-Perez, R. and Nogueira, C. G. Outward FDI from Small Developing Economies: Firm Level Strategies and Home-Country Effects [J]. International Journal of Emerging Markets, 2016, 11 (4): 693-714.

[237] Pan, X., Li, M., Wang, M., et al. The Effects of Outward Foreign Direct Investment and Reverse Technology Spillover on China's Carbon Productivity [J]. Energy Policy, 2020, 145: 111730.

[238] Paul, J. andBenito, G. R. G. A Review of Research on Outward Foreign Direct Investment from Emerging Countries, Including China: What do We Know, How do We Know and Where Should We be Heading? [J]. Asia Pacific Business Review, 2018, 24 (1): 90-115.

[239] Piperopoulos, P., Wu, J. and Wang, C. Outward FDI, Location Choices and Innovation Performance of Emerging Market Enterprises [J]. Research Policy, 2018, 47 (1): 232-240.

[240] Potterie. B. P. andLichtenberg, F. Does Foreign Direct Investment Transfer Technology across Borders? [J]. Review of Economics and Statistics, 2001, 83 (3): 490-497.

[241] Pradhan, J. P. and Singh, N. Outward FDI and Knowledge Flows: A Study of the Indian Automotive Sector [J]. Institutions and Economies, 2009, 1 (1): 156-187.

[242] Quer, D., Claver, E. and Riend, L. Chinese Multinationals and Entry Mode Choice: Institutional, Transaction and Firm-Specific Factors [J]. Frontiers Business Research China, 2012, 6 (1): 1-24.

[243] Ramamurti, R. and Hillemann, J. What is "Chinese" about Chinese Multinationals? [J]. Journal of International Business Studies, 2018, 49 (1): 34-48.

[244] Ramasamy, B., Yeung, M. and Laforet, S. China's Outward Foreign Direct Investment: Location Choice and Firm Ownership [J]. Journal of World Business, 2012, 47 (1): 17-25.

[245] Ritchie, B. K. Economic Upgrading in A State-Coordinated, Liberal Market Economy [J]. Asia Pacific Journal of Management, 2009, 26 (3): 435-

457.

[246] Romer, P. M. Endogenous Technological Change [J]. Journal of Political Economy, 1990, 98 (5, Part 2): S71-S102.

[247] Rudy, B. C., Miller, S. R. and Wang, D. Revisiting FDI strategies and the Flow of Firm-Specific Advantages: A Focus on State-Owned Enterprises [J]. Global Strategy Journal, 2016, 6 (1): 69-78.

[248] Sanfilippo, M. FDI from Emerging Markets and the Productivity Gap—An Analysis on Affiliates of BRICS EMNEs in Europe [J]. International Business Review, 2015, 24 (4): 665-676.

[249] Schumpeter, J. A. The Theory of Economic Development: An Inquiry into Profits, Capital, Credit, Interest, and the Business Cycle [M]. New York: Harvard University Press, 1934.

[250] Seyoum, M., Wu, R. and Yang, L. Technology Spillovers from Chinese Outward Direct Investment: The Case of Ethiopia [J]. China Economic Review, 2015, 33: 35-49.

[251] Shao, Y. and Shang, Y. Decisions of OFDI Engagement and Location for Heterogeneous Multinational Firms: Evidence from Chinese Firms [J]. Technological Forecasting and Social Change, 2016, 112: 178-187.

[252] Stiebale, J. Cross-Border M&As and Innovative Activity of Acquiring and Target Firms [J]. Journal of International Economics, 2016, 99: 1-15.

[253] Stoian, C. Extending Dunning's Investment Development Path: The Role of Home Country Institutional Determinants in Explaining Outward Foreign Direct Investment [J]. International Business Review, 2013, 22 (3): 615-637.

[254] Stoian, C. and Mohr, A. Outward Foreign Direct Investment from Emerging Economies: Escaping Home Country Regulatory Voids [J]. International Business Review, 2016, 25 (5): 1124-1135.

[255] Tang, R. W. FDI Expansion Speed of State-Owned Enterprises and

the Moderating Role of Market Capitalism: Evidence from China [J]. International Business Review, 2019, 28 (6): 101596.

[256] Tsoutsoura, M. The Effect of Succession Taxes on Family Firm Investment: Evidence from A Natural Experiment [J]. The Journal of Finance, 2015, 70 (2): 649-688.

[257] Vermeulen, F. and Barkema, H. Pace, Rhythm, and Scope: Process Dependence in Building a Profitable Multinational Corporation [J]. Strategic Management Journal, 2002, 23 (7): 637-653.

[258] Vernon, R. International Investment and International Trade in the Product Cycle [J]. Quarterly Journal of Economics, 1966, 80: 190-207.

[259] Waal, J. W. H., Thijssens, T. and Maas, K. The Innovative Contribution of Multinational Enterprises to the Sustainable Development Goals [J]. Journal of Cleaner Production, 2021, 285: 125319.

[260] Wagner, J. International Firm Activities and Innovation: Evidence from Knowledge Production Functions for German Firms [R]. Working Paper Series in Economics, 2006.

[261] Wang, G., Jiang, X., Yuan, C. H. and Yi, Y. Managerial Ties and Firm Performance in an Emerging Economy: Tests of the Mediating and Moderating Effects [J]. Asia Pacific Journal of Management, 2013, 30 (2): 537-559.

[262] Grub Phillip D. Third world multinationals: The Rise of Foreign Investments from Developing Countries [J]. Journal of International Business Studies, 1985, 16 (1): 173-175.

[263] Wu, Z. Three Essays on Distance: Examining the Role of Institutional Distance on Foreign Firm Entry, Local Isomorphism Strategy and Subsidiary Performance [M]. University of Southern California, 2009.

[264] Xu, D., Lu, J. W. and Gu, Q. Organizational Forms and Multi-

Population Dynamics: Economic Transition in China [J]. Administrative Science Quarterly, 2014, 59 (3): 517-547.

[265] Yang, J. Y. , Lu, J. and Jiang, R. Too Slow or too Fast? Speed of FDI Expansions, Industry Globalization, and Firm Performance [J]. Long Range Planning, 2017, 50 (1): 74-92.

[266] Yang, S. F. , Chen, K. M. and Huang, T. H. Outward Foreign Direct Investment and Technical Efficiency: Evidence from Taiwan's Manufacturing Firms [J]. Journal of AsianEconomics, 2013, 27: 7-17.

[267] Zhao, W. , Liu, L. and Zhao, T. The Contribution of Outward Direct Investment to Productivity Changes within China, 1991 - 2007 [J]. Journal of International Management, 2010, 16 (2): 121-130.

[268] Zhou, C. , Hong, J. , Wu, Y. and Marinova, D. Outward Foreign Direct Investment and Domestic Innovation Performance: Evidence from China [J]. Technology Analysis & Strategic Management, 2019, 31 (1): 81-95.

[269] Zhou, Y. , Jiang, J. , Ye, B. and Hou, B. Green Spillovers of Outward Foreign Direct Investment on Home Countries: Evidence from China's Province-Level Data [J]. Journal of Cleaner Production, 2019, 215: 829-844.

[270] Zhu, S. and Ye, A. Does the Impact of China's Outward Foreign Direct Investment on Reverse Green Technology Process Differ across Countries? [J]. Sustainability, 2018, 10 (11): 3841.